# THE
# RUSSIAN PEOPLE

## A READER ON THEIR
## HISTORY AND CULTURE

EDITED BY

## V. TSCHEBOTARIOFF BILL

**THIRD EDITION**
Revised and Enlarged

**THE UNIVERSITY OF CHICAGO PRESS**
**CHICAGO & LONDON**

THE UNIVERSITY OF CHICAGO PRESS, CHICAGO 60637
The University of Chicago Press, Ltd., London

**Library of Congress Cataloging in Publication Data**

Bill, Valentine Tschebotarioff, ed.
    The Russian people.

    Russian readings.
    Bibliography: p.
    1.   Russian language—Readers—History.
I.  Title.
PG2127.H5B5  1975          491.7'8'6421          74-17005
ISBN 0-226-04919-1

# PREFACE

This book is intended for second- or third-year students of the Russian language. It aims at two goals: to increase the language proficiency of the student and to give him an introductory knowledge of the forces which have shaped the historical development of the Russian people. The present becomes fully comprehensible only in the light of the past, and a language becomes more familiar through acquaintance with the people whose native tongue it is.

The organization of the book grew out of my twenty seven years of teaching the Russian language and literature at Princeton University and nine years of teaching a graduate course on the social and cultural history of Russia at New York University, as a visiting member of the faculty of the Graduate School of Arts and Science.

The texts have been selected from the writings of scholars prominent in their respective fields and known for their brilliant mastery of the Russian language. My own contribution is limited to a few sentences intended to bridge gaps between different sources and to assure continuity of narrative. I have myself written five chapters, as no suitable material was available in Russian: chapter 2, on the geography of Soviet Asia, chapter 24, on the Russian bourgeoisie, chapter 25, on the Silver Age, chapter 28 on Soviet culture, and chapter 29, on the Soviet dissidents. A list at the end of the book specifies all sources selected and indicates in which chapter—or chapters—each was used.

The book is intended to be read with the help of a dictionary, in order to give the student an opportunity to familiarize himself as early as possible with the technique of identifying Russian words on his own—a task which is frequently complicated by the discrepancy between various verb tenses and their infinitives

or the deviations of some noun cases from their nominatives—
to name only two of many pitfalls.

The words listed at the beginning of each chapter form a
group of key words used in that particular chapter, intended to
be memorized and useful both as a basis for oral discussion of
the material read and as a nucleus for further expansion of
vocabulary mastered under the instructor's guidance. The
following abbreviations have been used: "m." and "f." to
indicate the masculine or feminine gender of nouns ending in a
soft sign, "adj." for some adjectives, and "perf." for the perfective
aspect of verbs.

The chapters have been kept brief in order to cover as many
aspects of Russia's development and culture as possible. Thus,
a third goal of this book emerges: to inspire the student to
continue his study of the Russian language and to descend from
the bird's-eye view given in this book to a more detailed and
thorough study of the topics presented.

V. TSCHEBOTARIOFF BILL

# CONTENTS

# ОГЛАВЛЕ́НИЕ

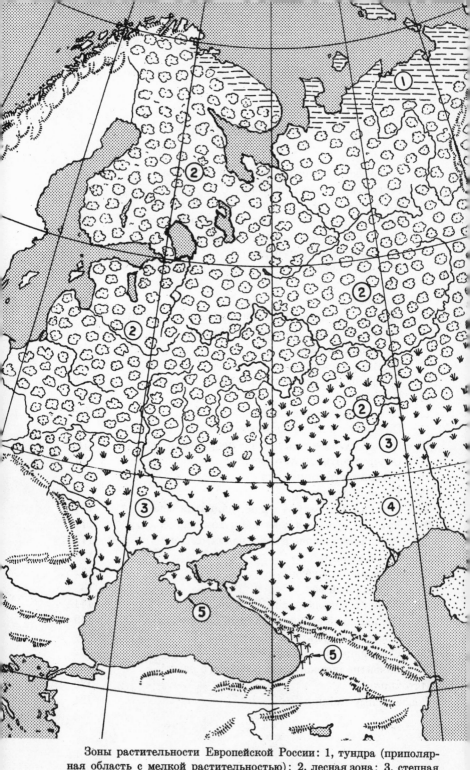

Зоны растительности Европейской России: 1, тундра (приполярная область с мелкой растительностью); 2, лесная зона; 3, степная зона; 4, полупустыни и пустыни; 5, субтропическая зона.

СКАНДИНАВИЯ

БЕЛОЕ МОРЕ

ЛАДОЖСКОЕ ОЗЕРО

БАЛТИЙСКОЕ МОРЕ    ФИНСКИЙ ЗАЛИВ

НЕВА

УРАЛ

Петербург (Ленинград)

ОЗЕРО ИЛЬМЕНЬ

ВОЛХОВ

Новгород

ЛОВАТЬ

Псков        Старая Руса

Углич        Ярославль

ЗАПАДНАЯ ДВИНА

ВОЛГА

Ростов        Нижний Новгород (Горький)

Полоцк        Волоколамск    Суздаль

Владимир

ВОЛГА

Смоленск    Москва

МОСКВА РЕКА

ДНЕПР

Коломна

ОКА

ВИСЛА

ПРИПЯТЬ

ДЕСНА

Рязань

Любеч

Чернигов

ДОН

ВОЛГА

Киев

ДНЕСТР

Переяславль

ДНЕПР

ДОН

АЗОВСКОЕ МОРЕ

ЧЕРНОЕ МОРЕ        КАВКАЗ        КАСПИЙСКОЕ

ВИЗАНТИЯ (КОНСТАНТИНОПОЛЬ)

Исторические места Европейской России

# 1

особенность (f.) peculiarity
разнообразие diversity
поверхность (f.) surface
хребет ridge (also backbone)
плоскогорье plateau
равнина plain (noun)
пространство space
залив gulf
полуостров peninsula
однообразие monotony
клин wedge
материк continent
кочевой nomadic

кочевник nomad
засуха drought
посредник mediator
влечь to draw, attract
привлечь (perf.)
влага moisture
полезный useful
вредный harmful
растительность (f.) vegetation
стихия element (of nature, geography)

## ГЕОГРАФИЯ ЕВРОПЕЙСКОЙ РОССИИ

Две географические особенности отличают Европу от других частей света, и от Азии преимущественно: Это, во первых, разнообразие форм поверхности и во вторых, крайне извилистое очертание морских берегов. Нигде горные хребты, плоскогорья и равнины не сменяют друг друга на таких сравнительно малых пространствах как в Европе. С другой стороны, глубокие заливы и далеко выдающиеся полуострова образуют как бы береговое кружево западной и южной Европы.

Европейская Россия не разделяет этих выгодных природных особенностей Европы. Море образует лишь малую долю её границ. Береговая линия её морей незначительна сравнительно с её материковым пространством. Однообразие—отличительная черта её поверхности. Одна форма господствует почти на всём её пространстве. Эта форма—равнина, плоскость пространством около двух миллионов квадратных миль, т. е. площадь равняющаяся двум третям континентальной площади Соединённых Штатов—без Аляски. На севере эта равнина покрыта лесами, на юге она переходит в маловодную, безлесную степь.

По геологическому своему строению эта степь совершенно похожа на степи внутренней Азии, а географически она составляет прямое их продолжение, соединяясь со среднеазиатскими степями широкими воротами между Уральским хребтом и Каспийским морем и простираясь из-за Урала сначала широкой, а потом всё более узкой полосой по направлению к западу, мимо морей Каспийского, Азовского и Чёрного. Это как бы азиатский клин, вдвинутый в европейский материк и тесно связанный с Азией исторически и климатически. Здесь издавна шла дорога, которой через урало-каспийские ворота приходили в Европу из глубины Азии страшные гости, все эти кочевые орды, неисчислимые, как степная трава или песок азиатской пустыни. Умеренная Западная Европа не знает таких сильных засух и таких страшных зимних бурь, какие бывают на этой степной равнине, а они заносятся сюда из Азии.

Столько Азии в Европейской России. Исторически Россия конечно не Азия. Но географически она не совсем и Европа. Это переходная страна, посредница между двумя мирами. Культура связала её с Европой. Но природа положила на неё особенности и влияния, которые всегда влекли её к Азии или в неё влекли Азию.

От однообразия формы поверхности в значительной мере зависит и климат страны, распределение тепла и влаги в воздухе и частью направление ветров. Однообразие формы поверхности делает климатические переходы с севера на юг и с запада на восток более мягкими. Ветры, беспрепятственно носясь по всей равнине и мешая воздуху застаиваться, сближают в климатическом отношении места, очень удалённые друг от друга по географическому положению, и содействуют более равно-

мерному распределению влаги с запада на восток и тепла
с севера на юг.

Летом в северной и средней России преобладают западные, дождливые и поэтому полезные, орошающие поля
и леса ветры. Урал задерживает облака, принесённые
этими ветрами со стороны Атлантического океана и за-
**ставляет** их разрешаться обильными дождями. Летом в
северной и средней России выпадает обыкновенно больше
дождей, чем в Западной Европе. В южной, степной России
напротив преобладают сухие, и поэтому вредные, восточ-
ные ветры, которым открытая степь при её связи с пусты-
нями средней Азии даёт сюда свободный доступ. Эта
воздушная борьба Азии с Европой в пределах русской
равнины напоминает историческую эпоху, когда Россия
служила широкой ареной борьбы азиатских народов с
европейскими.

Южная степь, при постоянных сильных и сухих ветрах,
в ней господствующих, не в силах питать древесной растительности. В этом главная причина безлесья степной
полосы.

Лес, степь и река—это основные стихии русской природы
по своему историческому значению. Каждая из них сыг-
рала важную роль в строении жизни, культуры и понятий
русского человека.

Лес сыграл крупную роль в русской истории. В лесной
России положены были основы русского государства. До
второй половины 18 века жизнь наибольшей части русского
народа шла в лесной полосе русской равнины. Лес ока-
зывал русскому человеку разнообразные услуги. Он давал
строительный материал, отопление, обувь (лапти из ко-
ры), посуду, пищу (лесных зверей и мёд диких пчёл) и
убежище от врагов, заменяя западноевропейские горы и
замки.

Степь оказывала другие услуги и клала другие впечатления. Доброе историческое значение южнорусской
степи заключается в её близости к южным морям, особенно
к Чёрному. Но степь заключала в себе и важные исторические неудобства. Вместе с дарами она несла бедствия.
Она была вечной угрозой для древней Руси. Борьба со

степны́м коче́вником, дли́вшаяся с 8 почти́ до конца́ 18 ве́ка—одно́ из са́мых тяжёлых истори́ческих воспомина́ний ру́сского наро́да.

Так степь де́йствовала на ру́сского челове́ка двусмы́с-ленно. Зато́ никаки́х недоразуме́ний не быва́ло у него́ с ру́с-ской реко́й. Он люби́л свою́ ре́ку, говори́л ла́сковые слова́ о ней в свои́х пе́снях—и бы́ло за что. При переселе́ниях река́ ука́зывала ему́ путь, при поселе́нии она́ его́ сосе́дка. На её берегу́ он ста́вил свой дом, дере́вню и́ли го́род. В продолже́ние значи́тельной ча́сти го́да она́ и пита́ла его́. Для торго́вца она́ гото́вая ле́тняя и да́же зи́мняя, ледяна́я доро́га.

В дре́вней Руси́ расселе́ние шло по река́м. Река́ при-учи́ла люде́й к общежи́тию и общи́тельности. Она́ сбли-жа́ла разбро́санные ча́сти населе́ния, учи́ла челове́ка чу́в-ствовать себя́ чле́ном о́бщества, обраща́ться с чужи́ми людьми́, наблюда́ть их нра́вы и интере́сы, меня́ться това́-ром и о́пытом. Так разнообра́зна была́ истори́ческая слу́жба ру́сской реки́.

# 2

охва́тывать to cover, envelop
  охвати́ть (perf.)
превыша́ть to exceed
  превы́сить (perf.)
проника́ть to penetrate
  прони́кнуть (perf.)
оса́дки (pl.) precipitation
покро́в cover
ве́чная мерзлота́ permafrost
отта́ивать to thaw out
  отта́ить (perf.)
Ледови́тый океа́н Arctic
  Ocean
ка́менный у́голь coal
нефть (f.) oil
древеси́на timber, wood
доли́на valley

преодолева́ть to overcome
  преодоле́ть (perf.)
иссуша́ть to dry up
  иссуши́ть (perf.)
поливно́й requiring irrigation
ста́лкиваться to run into,
  encounter
  столкну́ться (perf.)
освое́ние mastering, develop-
  ing
ледоко́л ice breaker
вы́зов challenge
посевно́й sowing (adj.)
Средизе́мное мо́ре Mediter-
  ranean
пушни́на furs, peltry
сдвиг shift

## ГЕОГРА́ФИЯ СОВЕ́ТСКОЙ А́ЗИИ

Сове́тская А́зия охва́тывает се́верную часть азиа́тского материка́, покрыва́я о́коло 6,4 миллио́нов квадра́тных миль, т. е. о́бласть, превыша́ющую в три ра́за террито́рию европейской ча́сти страны́. Три че́тверти Сове́тской А́зии занима́ет Сиби́рь, простира́ясь от Ура́ла до Да́льнего Восто́ка вдоль тихоокеа́нского побере́жья. Назва́ние Сиби́рь—истори́ческое, монго́льского происхожде́ния. Так называ́лась столи́ца монго́льского заура́льского госуда́рства, располо́женного вдоль реки́ О́би и её прито́ка Иртыша́, и завоёванного русскими в конце 16 века. На юге от Западной Сибири Советская Азия включает Казахстан и Среднюю Азию.

Урал считается разделом между европейской и азиатской частью Советского Союза. Однако, топография, растительность и отчасти и климат по обе стороны этого невысокого горного хребта однородны. Продолжается равнина, покрытая на севере преимущественно лесами. На юге леса сменяются безлесными степными просторами южной части Западной Сибири и Казахстана, которые затем переходят в жёлтые, песчаные пустыни Средней Азии. Хотя Урал задерживает влажные и тёплые западные ветры с Атлантического океана, воздушные массы из Атлантики всё же частично проникают в Западную Сибирь и смягчают её климат. Осадки, выпадающие в этой области, приносятся сюда с запада и северо-запада. Их количество заметно уменьшается по направлению к востоку.

Река Енисей отделяет Западную Сибирь от Восточной. И именно здесь, по правую сторону реки, резко меняются топография и климат. Начинается среднесибирское плоскогорье, которое простирается до реки Лены и затем сменяется высокими горными хребтами, которые тянутся до самого тихоокеанского побережья. Восточная Сибирь отличается исключительно сухим и холодным климатом. Благодаря малой мощности снежного покрова и низким температурам здесь преобладает территория вечной мерзлоты, т. е. территория, где даже летом земля оттаивает лишь на глубину нескольких метров, а зимой сплошь замерзает.

Вся Советская Азия лицом обращена на север и амфитеатром примыкает к Ледовитому океану. На юге высокие горные хребты Центральной Азии препятствуют проникновению тёплых ветров с Индийского океана. А горные хребты Восточной Сибири и Дальнего Востока образуют высокий барьер, который ограждает Сибирь от влияния влажных ветров с Тихого океана. Крупнейшие и наиболее многоводные реки Советского Союза—Обь, Енисей и Лена—текут на север и впадают в моря Ледовитого океана, которые девять месяцев в году скованы льдом. Только в июле, под влиянием относительно тёплых вод сибирских рек прибрежные участки освобождаются от льда. Немногочисленные реки Средней Азии впадают в озёра или теряются в песках и ни одна капля воды их не вливается в открытое море. Главные реки, Аму-Дарья и Сыр-Дарья, несут свои воды в замкнутый бассейн Аральского моря.

Советская Азия обладает огромными естественными богатствами. На её территории сосредоточено около 75 процентов ресурсов каменного угля и подавляющая часть запасов цветных и редких металлов. В разных местах Сибири обнаружены гигантские месторождения нефти. На Оби находится "сибирское Баку". По обилию древесины Сибирь занимает в Советском Союзе первое место. На долю сибирских рек приходится 80 процентов запасов водной энергии. Кроме того, в Западной Сибири, в Казахстане и даже в некоторых речных долинах Восточной Сибири, расположенных на юге, природные условия благоприятны для сельского хозяйства. Однако, на пути к освоению всех природных богатств Советской Азии стоят значительные препятствия. Во многих областях условия жизни неблагоприятны для человека, привыкшего к климату более умеренной зоны европейской части страны.

В Средней Азии приходится преодолевать недостаток воды, который ещё осложняется господством в этой области северо-восточных ветров, иссушающих почву. В течение большей части года небо остаётся безоблачным и жаркое солнце льёт потоки ослепительного света на землю. Вся жизнь края зависит от воды. Главная задача состоит в увеличении пространства орошаемых земель и в рациональном пользовании оросительной водой для поливного земледелия. Вода здесь обращает дикие пустыни в плодородные поля и цветущие сады. Даже обводнённые пески покрываются богатой растительностью. С помощью орошения Средняя Азия сделалась главным советским центром хлопководства.

В Сибири человек сталкивается с иными препятствиями. В её северных и восточных областях длительность зимы с преобладанием крайне низких температур во многих от-

ношениях осложняет эксплуатацию природных богатств.
Много усилий влагается в освоение северного морского
пути вдоль побережья Ледовитого океана, так как эта
магистраль является самой короткой и дешёвой транспорт-
ной артерией, питающей промышленные центры севера и
самым коротким путём при плавании из Мурманска или
Архангельска на Дальний Восток. С помощью ледоколов-
атомоходов и тщательных глубинных измерений морского
дна удалось значительно расширить сроки арктической
навигации.

Климатические условия в Советской Азии и в области
земледелия явились вызовом для человека. Наряду с
освоением целинных степных просторов Казахстана и оро-
шением среднеазиатских пустынь проводится расширение
посевных площадей на север. С помощью новых, быстро
созревающих сортов хлебов, главным образом пшеницы и
ржи, преодолеваются неблагоприятные атмосферные условия и крайний предел земледельческого района в Западной
Сибири и в речных долинах Восточной Сибири продвинулся
на север.

В течение долгих веков естественные богатства всех этих
огромных азиатских пространств оставались нетронутыми.
Средняя Азия служила широкой дорогой, по которой
издавна совершались великие переселения азиатских кочёв-
ников в Европу, почему этот путь и известен под названием
"исторических ворот народов". А Сибирь принадлежит к
числу тех районов Евразии, которые находились в стороне
от античных центров Греции и Рима и от средневековой
Западной Европы. Высокие горы, быстрые реки, непрохо-
димые леса и болота отделяли Сибирь от древних путей,
по которым направлялись торговые караваны из Китая и
Индии в порты Чёрного и Средиземного морей. Древние
греки и римляне имели крайне смутное представление о
севере Азии, этой "стране вечного мрака".

В 16 веке основным стимулом движения русских на
восток был рост внешнеторговых отношений, в первую
очередь с Англией и Голландией, на рынках которых тре-
бовались большие количества пушнины. Искали всё новых

территорий с ещё нетронутыми запасами пушных зверей. Завоевание русскими монгольского зауральского государства в конце 16 века было не только первой, но и последней военной операцией русских к востоку от Урала. Огромные расстояния, а не сопротивление туземцев в слабо заселённых сибирских пространствах явились теперь главным препятствием. Единственным удобным средством сообщения служили реки, вдоль которых тянулись редкие поселения остяков, тунгусов и других инородцев. В 17 веке с Оби русские продвинулись на Енисей и с Енисея по Ангаре в бассейн Лены. К началу 18 века русские владения на севере и северо-востоке Азии почти достигли границ, образуемых Ледовитым и Тихим океанами.

В своей борьбе со стихийными силами природы в Советской Азии человек нуждался в помощи современной техники для того, чтобы выйти победителем. Сооружение сибирской железнодорожной магистрали в конце 19 века, соединяющей Дальний Восток с европейской частью страны, явилась первым значительным шагом на пути промышленного освоения русских владений в Азии. Но лишь интенсивная индустриализация Советского Союза, начавшаяся в 30 годах нашего столетия, сделала так называемый "сдвиг на восток" всего народного хозяйства возможным. В годы Второй мировой войны созданная в районах Советской Азии тяжёлая промышленность приобрела огромное оборонное значение. Советская Азия ещё долго будет называться страной будущего. Эксплуатация её природных богатств далеко ещё не достигла своего зенита.

# 3

век century
also: столе́тие
прито́к tributary
пробра́ться to wend one's way
perf. of: пробира́ться
погра́бить to plunder,
perf. of: гра́бить
покида́ть to abandon
поки́нуть (perf.)
наёмный hired
овладева́ть to seize, take possession of
овладе́ть (perf.)
превраща́ть to transform
преврати́ть (perf.)

князь (m.) prince
кня́жество principality
средневеко́вье Middle Ages
also: сре́дние века́
подъём rise
правосла́вный orthodox
собо́р cathedral
могу́чий mighty
ру́копись (f.) manuscript
монасты́рь monastery
ле́топись (f.) chronicle
зо́дчество architecture
жи́вопись (f.) painting
богаты́рь (m.) valiant knight
междоусо́бие feud

## КИ́ЕВСКАЯ РУСЬ—ВОСТО́ЧНАЯ ОКРА́ИНА ЕВРО́ПЫ
### (9–12 века́)

Река́ Днепр с прито́ками обхва́тывает всю за́падную полови́ну ру́сской равни́ны и соединя́ет её с се́верными, ю́жными, за́падными и восто́чными областя́ми. Верхо́вьями свои́ми Днепр бли́зко подхо́дит к За́падной Двине́ и бассе́йну И́льменя о́зера, т. е. к двум важне́йшим доро́гам в Балти́йское мо́ре. У́стьем Днепр соединя́ется с Чёрным мо́рем. Пра́вые прито́ки Днепра́ приближа́ют Поднепро́вье к бассе́йнам Днестра́ и Ви́слы, т. е. к За́падной Евро́пе, а ле́вые прито́ки соединя́ют о́бласть Днепра́ с бассе́йнами Во́лги и До́на, т. е. с восто́ком и с моря́ми Каспи́йским и Азо́вским.

Благодаря тому, по Днепру с незапамятных времён шло оживлённое торговое движение. В 8 веке Днепр с притоками сделался могучей питательной артерией народного хозяйства славянских племён, занимавших преимущественно лесную полосу Поднепровья. Речной путь втянул славян в торговое движение, которое шло тогда в юго-восточном углу Европы. Своим низовым течением и левыми притоками Днепр потянул славян к черноморским и каспийским рынкам и указал им дорогу в богатейший центр мировой культуры и торговли того времени, в Византию.

Леса Поднепровья своим пушным богатством и лесным пчеловодством доставляли славянам обильный материал для внешней торговли. Меха, мёд и воск стали главными предметами вывоза. Следствием успехов торговли славян было появление древнейших торговых городов по Днепру и его притокам: Киев, Переяславль, Чернигов, Смоленск, Любеч, Новгород, Ростов, Полоцк и многие другие. Большинство этих городов вытянулось длинной цепью по главному речному пути из Балтийского в Чёрное море. Таким образом, первая политическая и культурная форма, образовавшаяся среди славян в 8 и 9 веках, это городовая область, т. е. торговый округ, в центре которого стоял укреплённый город.

С начала 9 века по окраинам Европы начинают появляться вооружённые пираты из Скандинавии. На речных путях русской равнины эти пираты с Балтийского моря получают название варягов. Варяг был преимущественно вооружённый купец, идущий сюда, чтобы пробраться дальше в богатую Византию, там выгодно поторговать, а иногда и пограбить богатого грека, если представится к тому случай. В тех торговых центрах русской равнины, куда с особенной силой приливали вооружённые компании варягов, они легко покидали значение торговых товарищей или наёмных охранителей торговых путей и превращались во властителей. Вождь варяжской компании назывался князем. Князь овладевал городской областью и превращал её в княжество. Из соединения варяжских княжеств и сохранивших самостоятельность городовых областей вышло великое княжество Киевское или Киевская

Русь. Основа́теля дина́стии, кото́рая объедини́ла под свое́й вла́стью славя́нские племена́ поднепро́вской о́бласти зва́ли Рю́риком.

Едва́-ли в како́й-ли́бо друго́й стране́ средневеко́вого ми́ра мо́жно встре́тить так мно́го перекрёстных культу́рных влия́ний как на Ки́евской Руси́. Она́ постоя́нно соприкаса́лась с други́ми наро́дами. Византи́я, наро́ды восто́ка и Кавка́за, За́падная Евро́па и Скандина́вия кольцо́м окружа́ли Русь. Но в формирова́нии ру́сской культу́ры осо́бое ме́сто занима́ют Скандина́вия—кото́рая дала́ Руси́ пра́вящую дина́стию Рю́риковичей—и Византи́я, са́мая передова́я страна́ европе́йского средневеко́вья. Из Византи́и Русь приняла́ христиа́нство при кня́зе Влади́мире Пе́рвом в конце́ 10 ве́ка. При Влади́мире и его́ сы́не кня́зе Яросла́ве Ки́евское госуда́рство вступа́ет на путь бы́строго культу́рного подъёма. При них установи́лись осо́бенно те́сные культу́рные свя́зи с Византи́ей, отку́да приглаша́лись церко́вные пропове́дники правосла́вной ве́ры и худо́жники для постро́йки и отде́лки но́вых зда́ний, кото́рые сотру́дничали с ру́сскими мастера́ми. Несмотря́ на иностра́нные влия́ния, в 11 ве́ке ки́евское иску́сство уже́ облада́ет свои́м со́бственным лицо́м.

Для культу́ры Ки́евской Руси́ характе́рно сочета́ние земно́го, све́тского с боже́ственным, церко́вным. Правосла́вная це́рковь не то́лько подде́рживала полити́ческую власть кня́зя, но и благоволи́ла экономи́ческим предприя́тиям и торго́вым заня́тиям населе́ния.

Центра́льный па́мятник дре́внего Ки́ева и велича́йшее созда́ние иску́сства Ки́евской Руси́—Софи́йский собо́р. По мы́сли его́ созда́теля, кня́зя Яросла́ва, он до́лжен был просла́вить как освобожде́ние ру́сской земли́ от тьмы язы́чества, кото́рая рассе́ялась под де́йствием луче́й прему́дрости Бо́жьей, ина́че говоря́ Софи́и, так и могу́щество госуда́рственной вла́сти вели́кого кня́зя. Снару́жи могу́чие ма́ссы собо́ра группирова́лись пирамида́льно. Двена́дцать ма́лых куполо́в размеща́лись на угла́х масси́ва хра́ма, по четы́ре с за́пада и по два с восто́ка. В середи́не возвыша́лся оди́н огро́мный ку́пол. Основно́й масси́в хра́ма окружа́ла одноэта́жная откры́тая галлере́я. Таки́м о́бразом, массы храма ступенями нарастали по направлению к центральному куполу. Внутреннее пространство собора было не менее великолепно. Роспись Софии распадается на мозаики и фрески и отличается исключительной красотой своих красок. Прославляется не только власть небесная, но и власть земная. Наряду с религиозными сюжетами изображены светские—портреты князя Ярослава и его семьи, сцены княжеской охоты, музыканты и акробаты.

При Софийском соборе была основана библиотека, где хранились и переписывались рукописи и где создалась своя школа переводчиков и зародилось летописное дело. Важную роль как рассадники письменности и просвещения играли монастыри. Крупнейшим из них был Печерский монастырь основанный в 11 веке в ближайших окрестностях Киева, по образцу пещерного монастыря на Афоне. В его стенах переписывались книги, расходившиеся потом по княжеским и церковным библиотекам, велись летописи, воспитывались проповедники и писатели. Из среды монахов вышли выдающиеся мастера зодчества и живописи.

К важнейшим памятникам киевской культуры принадлежат также древние эпические песни, так называемые былины. Расцвет былинных песен совпадает с эпохой расцвета киевского государства, в 10–11 веках. Они ярко отразили исторические факты, народную идеологию и бытовые черты того времени. Они связаны со временем князя Владимира Первого, которого былины называют "Красное солнышко". Его веселые пиры, богатство и высокая культура его города Киева, всё это стало традиционным во многих былинах. Вокруг Владимира былины группировали образы богатырей—храбрых, сильных защитников русской земли от набегов степных кочевников. Оборона Руси от внешних врагов составляет пафос русских былин.

В русской жизни осталось очень мало следов от Киевской Руси, от её быта. Софийский собор, например, так пострадал от пожаров, разрушений, переделок и ремонтов, что он дошёл до нас в почти неузнаваемом виде. Тем не менее, русский народ помнит старый Киев с его князьями и богатырями, с его соборами и монастырями, помнит и любит его, как не любил он ни одной из столиц его сменивших, ни Москвы, ни Петербурга. Это происходило по двум причинам. Во первых, жизнь Киевской Руси отличалась благами, которые русский народ в послествии потерял либо навсегда, либо на очень долгое время. Надолго прекратились тесные, свободные сношения с чужими странами. Татарское нашествие нарушило городскую жизнь и торговлю, а затем крепостное право, созданное московским правительством, положило конец личной свободе русского человека. Во вторых, Киевская Русь была колыбелью русской народности. Во всём обществе пробудилась мысль о Русской Земле как о чём-то цельном, общем. В летописях и былинах повторяется выражение Русская земля, и нигде, ни в одном памятнике, не встречается выражение русский народ. Из всех элементов, входящих в состав государства, территория наиболее доступна пониманию. Она и служила определением рождавшемуся чувству народности.

Главная причина упадка киевского государства состояла в том, что члены правящей династии, потомки Рюрика, находились в постоянной вражде и междоусобии. Каждый хотел владеть Киевом. Киев был сборным пунктом русской торговли. Из Киева шёл выход на степные торговые дороги. Кто владел Киевом, тот держал в своих руках ключ от главных ворот русской торговли. Уже с конца 11 века начинается процесс разложения киевского государства. Киевская Русь постепенно распадается на ряд самостоятельных княжеств и областей. Одновременно напор степных кочевников делается всё сильнее. Особенно остро этот процесс распада сказался на южных областях. Они не смогли дать отпор нападавшим кочевникам, половцам. В поэме "Слово о полку Игореве" южная Русь оставила нам горький плач о своей гибели и одно из выдающихся произведений древней русской литературы. В "Слове" соединена историческая повесть и героическая лирика. Поэма описывает поход князя Игоря Северского в 1184 году против половцев, кончившийся неудачей из-за княжеских междоусобий. Поэма—призыв русских князей к объединению.

# 4

**незави́симость** (f.) independence

**расцве́т** bloom, flowering

**ве́че** popular assembly (historical term)

**сосредота́чивать** to concentrate

**сосредото́чить** (perf.)

**торго́вля** trade

**про́мысел** craft, profession

**ры́нок** market

**купе́ц** merchant

**това́р** merchandise

**у́стный** oral

**тво́рчество** creative power, creation

**столкнове́ние** clash

**би́тва** battle

**язы́ческий** heathen

**уло́в** catch

**увлека́ть** to charm (also: to carry away)

**увле́чь** (perf.)

**покрови́тель** (m.) patron

**сде́ржанность** (f.) restraint

**стремле́ние** aspiration

**достига́ть** to achieve

**дости́гнуть** (perf.)

**теря́ть** to lose

**потеря́ть** (perf.)

**поте́ря** loss

## ДРЕ́ВНИЙ НО́ВГОРОД И НОВГОРО́ДСКАЯ КУЛЬТУ́РА

Но́вгород объяви́л свою́ незави́симость от ки́евского кня́жества в 1125 году́ и зате́м обрати́л всё своё внима́ние и все си́лы на созда́ние осо́бого обще́ственного и культу́рного стро́я. Расцве́т Но́вгорода отно́сится к 13, 14 и 15 века́м. Верхо́вная власть принадлежа́ла ве́чу. В тео́рии вся́кий новгоро́дец, гражда́нски свобо́дный и име́вший свой двор, мог уча́ствовать в управле́нии свое́й страны́. На де́ле же, вла́стью овладе́ла новгоро́дская аристокра́тия—боя́ре.

Вся новгоро́дская страна́ простира́лась от Бе́лого мо́ря

че́рез о́бласть озёр Ла́дожского, Оне́жского и Ильменя до
водоразде́ла Ильменских рек и За́падной Двины́. Её цен-
тра́льную ли́нию с се́вера на юг составля́ли ре́ки Во́лхов и
Ло́вать. На за́пад от э́той ли́нии бы́ло мно́го городо́в, т. е.
укреплённых мест. Они́ защища́ли Но́вгород от вне́шних
враго́в. Но все они́, за исключе́нием Пско́ва и Ста́рой Руси́,
бы́ли ничто́жны в экономи́ческом отноше́нии. На восто́к
от ли́нии Во́лхов—Ло́вать городо́в не́ было во́все. Новго-
ро́дская страна́ была́ сла́бо заселена́, и всё её населе́ние
сосредота́чивалось в трёх пу́нктах—в само́м Но́вгороде, в
Пско́ве и в Ста́рой Руси́. Но́вгород, по коли́честву дворо́в,
ви́димо превосходи́л да́же Москву́ и был одни́м из круп-
не́йших городо́в не то́лько в Руси́ но и в Евро́пе. В Но́вго-
роде в 15 ве́ке бы́ло до 6,000 дворо́в. Таки́м о́бразом, в нов-
горо́дском госуда́рстве соверша́лась неравноме́рность в рас-
пределе́нии населе́ния. Столи́ца как бы вобрала́ в себя́ все
си́лы свое́й земли́, оста́вив о́чень ма́ло прови́нции. Она́ со-
средото́чила в себе́ всю торго́влю и все про́мыслы, став в
э́том отноше́нии как бы оа́зисом в пусты́не.

Причи́ны тако́й концентра́ции наро́дно-хозя́йственных
сил лежа́ли в основны́х сво́йствах новгоро́дской террито́-
рии. Земля́ дава́ла плохи́е, ску́дные урожа́и и земледе́лие
явля́лось второстепе́нным заня́тием. Гла́вное же значе́ние
в новгоро́дской хозя́йственной жи́зни принадлежа́ло тор-
го́вле и тем про́мыслам, кото́рые её пита́ли. Про́мыслы э́ти
дава́ли новгоро́дскому ры́нку дорого́й това́р: меха́, воск,
соль и ры́бу. Что́бы их добыва́ть, на́до бы́ло идти́ за ни́ми
на́ море и в се́верные леса́, где ещё в ска́зочном изоби́лии
держа́лась драгоце́нная добы́ча. Стремя́сь к э́тому бога́т-
ству, новгоро́дцы ра́но потяну́лись на далёкий се́вер, су-
ро́вый но оби́льный, осво́или себе́ грома́дные простра́нства
по берега́м Бе́лого мо́ря, счита́ли их свои́ми зе́млями и из
них вози́ли на новгоро́дский ры́нок це́нные това́ры. Из
Но́вгорода э́ти това́ры шли в Евро́пу, в обме́н на то, что
привози́ли в Но́вгород ганзе́йские и шве́дские купцы́—на
сукно́, вино́, пря́ности и мета́ллы. Европе́йский това́р нов-
горо́дцы распространя́ли на ру́сском ю́ге и восто́ке, а отту́да
получа́ли в обме́н, гла́вным о́бразом, хлеб. Таки́м о́бразом,
в кругооборо́те свое́й торго́вли Но́вгород ничего́ не добы-

ва́л на со́бственной по́чве. Он был то́лько посре́дником
ме́жду свои́ми се́верными коло́ниями, Евро́пой и Ру́сью.

Новгоро́дская торго́вля находи́лась в рука́х боя́р. Они́
руководи́ли все́ми ста́диями торго́вого оборо́та. Они́ на се́-
вере захвати́ли в своё владе́ние грома́дные простра́нства
земе́ль, насели́в их свои́ми холо́пами. Они́ в само́м Но́вго-
роде госпо́дствовали на ры́нке, заполня́я его́ свои́ми това́-
рами и поста́вив купцо́в в зави́симость от себя́. На про-
стра́нстве всего́ двух веко́в экономи́ческое госпо́дство нов-
горо́дской аристокра́тии вы́росло до сте́пени полити́ческой
диктату́ры. В 15 ве́ке Но́вгород стал управля́ться неболь-
ши́м кру́гом боя́рских семе́й, в рука́х кото́рых сосредото́-
чились все сре́дства вла́сти над ма́ссами.

Но́вгород был бога́т не то́лько в экономи́ческом, матери-
а́льном отноше́нии. Вме́сте с разви́тием торго́во-ремéсленной
городско́й жи́зни шло у́мственное и худо́жественное разви́-
тие. Па́мятниками у́мственной культу́ры Но́вгорода слу́-
жит не то́лько у́стное наро́дное тво́рчество, но и пи́сьмен-
ная, кни́жная литерату́ра. На пе́рвое ме́сто пи́сьменной
литерату́ры на́до поста́вить летописа́ние.

Новгоро́дские ле́тописи ре́зко отлича́ются и по содер-
жа́нию и по сти́лю от южнору́сских, ки́евских. Новгоро́д-
ские ле́тописцы интересу́ются почти́ исключи́тельно свои́м
го́родом и о́бластью. Расска́зы о похо́дах и сраже́ниях у
них сравни́тельно ре́дки и ску́пы. У новгоро́дцев на пе́рвом
пла́не гражда́нские интере́сы—вы́боры, сме́ны и сме́рти
гражда́нских и церко́вных власте́й, столкнове́ния ни́зших
слоёв населе́ния с боя́рами. Новгоро́дские ле́тописцы та́кже
отмеча́ют климати́ческие явле́ния—гро́зы, бу́ри, гра́ды, на-
водне́ния. Зате́м они́, ви́димо. не упусти́ли отме́тить ни
одного́ слу́чая оконча́ния и́ли ремо́нта обще́ственных по-
стро́ек—моста́, кремля́, городски́х стен и́ли церкве́й. Из
про́чих собы́тий ме́стной жи́зни с тако́й же то́чностью от-
меча́ются слу́чаи неурожа́я, го́лода, эпиде́мий, пожа́ров
и други́х обще́ственных бе́дствий.

Ю́жные ле́тописи простра́нны и ча́сто представля́ют це́-
лые литерату́рные, поэти́ческие расска́зы, в осо́бенности
на вое́нные те́мы. Новгоро́дские ле́тописи делови́ты, то́чны
и кра́тки. Сравни́тельно су́хи в них да́же страни́цы по-

свяще́нные са́мым герои́ческим моме́нтам ме́стной исто́рии, наприме́р би́тве Алекса́ндра Не́вского про́тив шве́дов и ливо́нских ры́царей.

В у́стно-поэти́ческом тво́рчестве новгоро́дской земли́ та́кже как и в ле́тописях отража́ется жизнь и быт большо́го торго́вого го́рода и его́ огро́мной о́бласти. Одни́м из са́мых изве́стных произведе́ний новгоро́дского фолькло́ра явля́ется были́на о Садко́. В э́той были́не ме́стные бытовы́е черты́ наро́дной жи́зни и христиа́нской ве́ры Но́вгорода соединя́ются с иде́ями дре́внего се́верного мифи́ческого э́поса и язы́ческих преда́ний. В э́той были́не расска́зывается, как музыка́нт Садко́, в награ́ду за превосхо́дную игру́ получа́ет от морско́го царя́, хозя́ина воды́, необыкнове́нный уло́в ры́бы в о́зере Йльмене. Садко́ от э́того богате́ет и стано́вится одни́м из пе́рвых купцо́в в Но́вгороде. Занима́ясь замо́рской торго́влей, Садко́ пла́вает с това́рами по моря́м, но да́ни морско́му царю́ не пла́тит. Морско́й царь се́рдится, остана́вливает корабли́ Садко́ и тре́бует его́ к себе́. Попа́в в подво́дное ца́рство, Садко́ опя́ть стано́вится музыка́нтом и увлека́ет морско́го царя́ свое́й игро́й. Царь танцу́ет, его́ бы́стрые движе́ния поднима́ют бу́рю, от кото́рой ги́бнут корабли́ на́ море. Появля́ется покрови́тель моряко́в и купцо́в, свято́й Нико́ла, вели́т Садко́ бро́сить игру́ и у́чит его́ что де́лать, когда́ морско́й царь предло́жит ему́ жени́ться на одно́й из свои́х дочере́й. Садко́ сле́дует указа́ниям Нико́лы и благополу́чно возвраща́ется в Но́вгород. В знак благода́рности своему́ спаси́телю Садко́ стро́ит Нико́ле це́рковь.

Це́ркви занима́ли ва́жное ме́сто в новгоро́дской культу́ре. К древне́йшим па́мятникам отно́сится ка́менный новгоро́дский Софи́йский собо́р, постро́енный в середи́не 11 ве́ка, ещё в ки́евскую эпо́ху, кня́зем Влади́миром Яросла́вичем, всего́ не́сколько лет поздне́е ки́евского собо́ра. В нача́ле 12 ве́ка после́довала постро́йка це́лого ря́да други́х собо́ров в Но́вгороде. Все они́ огро́мные ка́менные зда́ния, кото́рые вели́чественно возвыша́ются и царя́т над мо́рем ни́зких деревя́нных постро́ек го́рода. Уже́ в э́тих ра́нних новгоро́дских собо́рах мо́жно усмотре́ть черту́, характе́рную и для други́х сторо́н новгоро́дской культу́ры: простоту́ и сде́ржанность.

Архитекту́ра собо́ров проявля́ет стремле́ние просты́ми сре́дствами дости́гнуть вели́чия и торже́ственности. Со второ́й полови́ны 12 ве́ка строи́телями в Но́вгороде выступа́ют уже́ не князья́, а боя́ре и купцы́. Поэ́тому архитекту́рными произведе́ниями э́того вре́мени явля́ются уже́ не огро́мные собо́ры, а сравни́тельно небольши́е це́ркви, в кото́рых большу́ю роль игра́ли практи́ческие удо́бства строи́телей— скла́ды це́нностей и това́ров в церко́вных подва́лах. Но и э́ти це́ркви отлича́ются простото́й и монумента́льностью.

Вну́треннее украше́ние хра́мов, стенна́я церко́вная жи́вопись и и́конопись, достига́ет своего́ по́лного расцве́та в Но́вгороде в 14 ве́ке. Кру́пными фигу́рами выступа́ют худо́жники Во́лохов и Феофа́н Грек. О́ба проявля́ют в своём иску́сстве любо́вь к древнегре́ческим тради́циям, интере́с к живо́му челове́ку и приро́де. Они́ приближа́ют церко́вное иску́ство к жи́зни. Их фигу́ры, свобо́дные и вырази́тельные, полны́ движе́ния и челове́ческих чувств. Произведе́ния Во́лохова и Феофа́на не уступа́ют по си́ле и реали́зму созда́ниям вели́ких мастеро́в за́падноевропе́йского Возрожде́ния.

Незави́симость Но́вгорода продолжа́лась до второ́й полови́ны 15 ве́ка. В 1478 году́ го́роду пришло́сь подчини́ться Москве́ и новгоро́дское госуда́рство переста́ло существова́ть. За сто лет по́сле поте́ри свое́й незави́симости го́род потеря́л бо́лее 80 проце́нтов своего́ населе́ния. В 1582 году́ в нём оста́лось всего́ то́лько 1,000 дворо́в.

междурéчье Mesopotamia, country between two rivers
обúлие abundance
сеть (f.) net, network
земледéлие agriculture
also: сéльское хозя́йство
творéц creator
наслéдственный hereditary
удéл appanage, domain, share
удéльный appanage (adj.)
разобщéние disunity
служúлый service (adj.)
учáсток section
крепостнóй fortified (also: serf—adjective and noun)

крепостнóе прáво serfdom
стрóйность (f.) gracefulness
нашéствие invasion
обрýшиться to descend upon perf. of: обрýшиваться
завоевáние conquest
обшúрный vast
дань (f.) tribute
опустошáть to lay waste
опустошúть (perf.)
окрáина border region
пéрепись (f.) census
крестóвый похóд Crusade
úго yoke, oppression
духóвный spiritual

## УДÉЛЬНАЯ РУСЬ—ЗÁПАДНАЯ ОКРÁИНА МОНГÓЛЬСКОЙ ИМПÉРИИ
### (от 13 до середúны 15 вéка)

На сéверо-востóке, в междурéчье, образóванном Окóй и Вéрхней Вóлгой, ужé в концé 12 вéка наблюдáются пéрвые усúлия отдéльных князéй создáть нóвые цéнтры правлéния и поря́дка, вдалú от хаóса и разложéния Кúевской Русú. Результáты сказáлись: В сéверо-востóчные городá и лесá потяну́лись переселéнцы с ю́га.

Междурéчье Окú и Вóлги, составля́ющее центрáльную óбласть Европéйской Россúи, отличáется замéтными физúческими осóбенностями от Русú Кúевской: обúлием лесóв и болóт и паутинной сéтью рек и рéчек, бегу́щих в рáзные направлéния. Эти особенности положи́ли глубóкий отпечáток на быт населéния. По речнóй сéти населéние расходи́лось в рáзные стóроны. В этой óбласти, сли́шком отдалённой от примóрских ры́нков, внéшняя торгóвля не моглá стать глáвной дви́жущей си́лой нарóдного хозя́йства. Значи́тельная часть населéния занимáется земледéлием. Деревéнские поселéния получáют здесь реши́тельный перевéс над городáми.

Стáрое ки́евское óбщество бы́ло стáрше свои́х князéй. Пéрвые князья́, яви́вшись в Ру́сскую зéмлю, вошли́ в готóвый ужé общéственный строй. Они́ не могли́ назвáть себя́ творцáми óбщества, котóрым они́ прáвили. Совсéм другóй взгляд на себя́, и на своё отношéние к óбществу, разви́ли под влия́нием колонизáции князья́ в центрáльной óбласти Европéйской Росси́и. Здесь князь станóвится руководи́телем полити́ческого и экономи́ческого поря́дка, наслéдственным хозя́ином своегó земéльного владéния—удéла. Междурéчье дéлится не на городовы́е óбласти, а на кня́жеские удéлы. Ки́евская Русь сменя́ется удéльной Ру́сью. Значéние Междурéчья растёт параллéльно постепéнному падéнию значéния Ки́ева.

Садя́сь на удéл, пéрвый князь егó обыкновéнно находи́л в своём владéнии не готóвое óбщество, а óбласть, котóрая тóлько что начинáла заселя́ться, в котóрой всё нáдо бы́ло устрóить и пострóить, чтóбы создáть в ней óбщество. Князь руководи́л колонизáцией, считáл её дéлом свои́х рук, свои́м ли́чным создáнием, и поэтому считáл себя́ ли́чным хозя́ином и владéтелем своегó удéла.

Кáждый князь привыкáл дéйствовать отдéльно, во и́мя ли́чных вы́год, вспоминáя о сосéде-рóдственнике тóлько тогдá, когдá тот угрожáл ему́, нападáл на негó и́ли когдá представля́лся слу́чай пожи́виться на егó счёт. Это взаи́мное разобщéние удéльных князéй дéлало их неспосóбными к дру́жным сою́зам мéжду собóй, гаси́ло мысль о еди́нстве и цéльности Ру́сской земли́, об óбщем нарóдном блáге. Сáмое слóво "Ру́сская земля́" довóльно рéдко появля́ется на страни́цах лéтописи удéльных векóв.

При отсýтствии óбщего, объединя́ющего интерéса, князь

переставал быть правителем и оставался только простым хозяином, а население удела превращалось во временных его жителей. Население распадалось на два класса: на служилых и "чёрных," т. е. низших людей. Служилыми людьми были бояре и вольные слуги, состоявшие на личной службе у князя по договору с ним. Они признавали власть его над собой, пока ему служили. Но каждый из них мог покинуть князя и перейти на службу к другому. Такие же отношения к князю были и у чёрных людей. Чёрный человек подчинялся власти князя, платил ему дань только пока пользовался его. землёй. Но и он мог перейти в другой удел.

Таким образом князь видел в уделе не общество, а хозяйство. Он не правил им, а разрабатывал его. Свободный человек, служилый или чёрный, приходил в удел, служил или работал в нём, получал участки княжеской земли во временное употребление, и уходил. Он не был политической единицей, подданным, в составе местного общества, а экономической случайностью. Не закон, а личный договор определял отношения свободных лиц к князю. Создавались отношения, напоминающие феодальные порядки в средневековой Европе. Но в удельных отношениях отсутствовала одна основная черта феодализма: крепостное право, прикрепление людей к земле. И бояре и чёрные люди свободно переходили из удела одного князя в удел другого.

Уделы были разных размеров. В больших и богатых постепенно развивались города, которые князья украшали храмами, дворцами и укреплениями, созданными русскими мастерами и ремесленниками. К началу 13 века самыми важными городскими центрами Междуречья были Ростов, Суздаль и Владимир. К этому времени местная архитектура всё сильнее освобождается от киевской строительной традиции и отличается простотой, стройностью и суровой мощью, несмотря на более скромные масштабы построек. Церкви похожи скорее на крепостные сооружения чем на храмы и с большой силой выражают дух своего времени, полного военных тревог и напряжения нескончаемых походов.

В нача́ле 13 ве́ка на Русь обру́шилось тата́рское наше́-
ствие. Тата́ры ре́зко отлича́лись от предыду́щих, сла́бо
организо́ванных коче́вников, и́здавна появля́вшихся в ру́с-
ских степя́х. Тата́ры представля́ли хорошо́ дисциплини-
ро́ванную, многочи́сленную а́рмию. Её со́здал монго́льский
прави́тель Чи́нгис Хан с це́лью обши́рных завоева́ний. Ко
вре́мени появле́ния тата́р на Руси́, ца́рство Чи́нгис Ха́на
уже́ обхва́тывало се́верный Кита́й, Сре́днюю А́зию, Пе́рсию
и Кавка́з. Похо́д на Русь был предпри́нят вну́ком Чи́нгис
Ха́на, Бату́. Э́то бы́ло хорошо́ проду́манное, вое́нное и по-
лити́ческое предприя́тие.

Подойдя́ к Ряза́нскому уде́лу с ю́га, Бату́ потре́бовал
дань, но получи́л отве́т: "Когда́ мы не оста́немся в живы́х,
то всё бу́дет ва́ше." Тата́ры вошли́ в Ряза́нскую зе́млю и
её опустоши́ли. Отту́да они́ напра́вились на Коло́мну, Мос-
кву́, Влади́мир, Су́здаль и други́е города́ и поселе́ния. Та-
та́рское наше́ствие обру́шилось на Русь как урага́н, кото́-
рый сноси́л вме́сте с материа́льными це́нностями и жи́зни
ты́сяч люде́й. В пе́рвые го́ды по́сле наше́ствия города́ и
селе́ния представля́ли собо́й пепели́ща, кото́рые дыми́лись
гру́дами разва́лин. Нема́ло городо́в и крепосте́й бы́ло стёрто
с лица́ земли́ тата́рской лави́ной. Они́ поги́бли навсегда́ и
бо́льше в исто́рии не встреча́ются.

По́сле завоева́ния Русь вошла́ в соста́в монго́льской
импе́рии. Ки́евская Русь в своё вре́мя была́ восто́чной
окра́иной Евро́пы. Тепе́рь Русь ста́ла за́падной окра́иной
монго́льской импе́рии. Тата́ры рассма́тривали ру́сские зе́мли
как полити́чески автоно́мные, име́ющие свою́ со́бственную
власть, но находя́щиеся в зави́симости от ха́нов и обя́занные
плати́ть им дань. Ни оди́н князь не име́л пра́ва на правле́-
ние свои́м уде́лом без разреше́ния ха́на. Дань до́лжны
бы́ли плати́ть все. С э́той це́лью тата́ры производи́ли пере́-
писи населе́ния. От обя́занности плати́ть дань изба́влено
бы́ло то́лько духове́нство. Тата́ры счита́ли всех ру́сских
свои́ми раба́ми, а князе́й свои́ми слу́гами.

В то са́мое вре́мя, когда́ на Русь обру́шилась лави́на
тата́рской а́рмии, в За́падной Евро́пе происхо́дит ре́зкий
перело́м истори́ческой жи́зни. Под влия́нием кресто́вых
похо́дов уси́ливаются бо́лее широ́кие свя́зи Евро́пы со стра́-

нами восто́ка. В э́то вре́мя на за́паде начина́ется бу́рное развитие торго́вли и ремесла́, создаётся вну́тренний ры́нок, расту́т городски́е це́нтры. Испа́ния прикрыва́ет за́падный фланг э́той расцвета́ющей Евро́пы от наше́ствия Ма́вров. Подо́бно Испа́нии, останови́вшей завоева́ния Ма́вров на за́паде, Русь сыгра́ла на восто́ке Евро́пы истори́ческую роль, останови́в монго́льское наше́ствие на грани́цах западно-европе́йских госуда́рств. Но тата́ры не походи́ли на Ма́вров. Завоева́в Росси́ю, они́ не подари́ли ей ни а́лгебры, ни архитекту́рного сти́ля. Наоборо́т, они́ уводи́ли в плен ру́сских мастеро́в, строи́телей и реме́сленников. А дань, кото́рую ру́сские должны́ бы́ли плати́ть тата́рам, ложи́лась тяжёлым бре́менем на производи́тельные си́лы страны́. Надо́лго измени́лся быт ру́сского наро́да. Со времён тата́рского наше́ствия Русь оконча́тельно преврати́лась в земледе́льческую страну́.

Тем не ме́нее, тата́рское и́го, продолжа́вшееся два с полови́ной столе́тия, не́ было вре́менем по́лного культу́рного упа́дка, а наоборо́т пери́одом духо́вного ро́ста и тво́рчества. От суро́вой действи́тельности лю́ди спаса́лись и отдыха́ли в моли́твах и в мечта́ниях. Тата́рское и́го—э́то эпо́ха углубле́ния христиа́нской ве́ры и расцве́та волше́бной ска́зки и сказа́ния.

# 6

строи́тельство construction
возобновля́ть to renew,
    resume
    возобнови́ть (perf.)
пусты́нный desert (adj.)
пусты́ня desert (noun)
основа́тель (m.) founder
огра́да enclosure
мона́х monk
крестья́нин peasant
моли́тва prayer
моли́ться to pray
    помоли́ться (perf.)
пост fast, lent
наставле́ние injunction
свято́й saint
исполня́ть to fulfil
    испо́лнить (perf.)

смире́ние humility
достиже́ние achievement
вымира́ть to die out
    вы́мереть (perf.)
разгро́м defeat, rout
нра́вственный moral
оцепене́ние numbness
порабоще́ние enslavement
лише́ние privation
че́рпать to draw, take in
утеше́ние consolation
по́лчище horde

## РУ́ССКИЙ МОНАСТЫ́РЬ

Мона́шество появи́лось на Руси́ вме́сте с христиа́нством,
т. е. в конце́ 10 ве́ка. До тата́рского наше́ствия почти́ все
ру́сские монастыри́ возника́ли в города́х и́ли под его́ сте-
на́ми. Уда́р, нанесённый тата́рами ру́сской земле́, был на-
сто́лько силён, что со второ́й че́тверти 13 ве́ка вся́кое строи́-
тельство в Междуре́чье надо́лго прекрати́лось. Оно́ на́чало
возобновля́ться то́лько с 14 ве́ка, когда́ вое́нные похо́ды
тата́р на ру́сские поселе́ния ста́ли происходи́ть ре́же и на

Руси́ ста́ла возмо́жна бо́лее споко́йная жизнь по сравне́нию с пе́рвым столе́тием тата́рского госпо́дства.

С э́того вре́мени происхо́дит заме́тная переме́на в разви́тии монастыре́й. Чи́сленный переве́с получа́ют монастыри́ не городски́е, а возника́вшие вдали́ от городо́в, в лесно́й глуши́, жда́вшей топора́ и сохи́. Э́ти монастыри́ получи́ли назва́ние пу́стынных и́ли пу́стыней, (с ударе́нием на пе́рвом сло́ге). Пусты́ней в поня́тии дре́внеру́сского челове́ка, жи́вшего в лесно́й зо́не страны́, счита́лась се́верная о́бласть, покры́тая густы́ми, вековы́ми леса́ми, а не простра́нство покры́тое песка́ми, лишённое вся́кой расти́тельности и воды́.

С середи́ны 14 ве́ка монасты́рская колониза́ция уси́ленно направля́лась из центра́льных областе́й за Во́лгу на беломо́рский се́вер. В продолже́ние сле́дующих двух веко́в э́то движе́ние проника́ло в са́мые отдалённые углы́ и усе́ивало монастыря́ми обши́рные лесны́е пло́щади се́верной Росси́и. К 16 ве́ку на се́вере насчи́тывалось, ско́лько изве́стно, 150 пу́стынных монастыре́й по сравне́нию с 104 городски́ми и при́городными в це́нтре страны́.

Основа́тели э́тих монастыре́й обнару́жили мно́го вку́са и понима́ния приро́ды в вы́боре мест для свои́х постро́ек. Везде́ монасты́рь выраста́л в са́мом поэти́ческом уголке́ кра́я—на берегу́ о́зера, на одино́ком о́строве и́ли на круто́м берегу́ реки́, слива́ясь свои́ми суро́выми стена́ми, стро́гими ба́шнями и могу́чими купола́ми в одно́ гармони́ческое це́лое с окружа́ющей се́верной, лесно́й приро́дой.

Пу́стынный заво́лжский монасты́рь име́л о́чень ва́жное значе́ние в дре́внеру́сской жи́зни. Во пе́рвых он представля́л сам по себе́, в свое́й те́сной деревя́нной и́ли ка́менной огра́де, земледе́льческое поселе́ние. Мона́хи расчища́ли лес, разводи́ли огоро́ды, паха́ли и коси́ли. Но в ту же сто́рону, отту́да же и с того́ же вре́мени направля́лась и крестья́нская колониза́ция. Мона́х и крестья́нин бы́ли спу́тниками, ше́дшими ря́дом и́ли оди́н впереди́ друго́го. Вокру́г монастыря́ сели́лись крестья́не, как религио́зной и хозя́йственной свое́й опо́ры.

Мона́хи пу́стынного монастыря́ отка́зывали себе́ во всех физи́ческих наслажде́ниях. Они́ жи́ли в моли́тве, в стро́гом посту́, одева́лись в са́мую бе́дную оде́жду, не име́ли це́нных веще́й кро́ме церко́вных книг и ико́н, и проводи́ли всю жизнь в тяжёлом физи́ческом труде́. Борьба́ с приро́дой обыкнове́нно укрепля́ла их здоро́вье и большинство́ из них достига́ло глубо́кой ста́рости. К концу́ жи́зни они́ стреми́лись подели́ться свое́й духо́вной си́лой и нако́пленной нра́вственной му́дростью с те́ми, кто иска́л их сове́та и по́мощи, и неrangéдко оставля́ли пи́сьменные наставле́ния.

Ру́сская це́рковь канонизова́ла мно́гих основа́телей пу́стынных монастыре́й. Жизнеописа́ния э́тих святы́х, так называ́емые ''Жития́,'' входи́ли в соста́в наибо́лее люби́мого чте́ния дре́вней Руси́. В наро́дной па́мяти святы́е образова́ли гру́ппу но́вых си́льных люде́й, заслони́вшую собо́й были́нных богатыре́й, в кото́рых Ки́евская Русь воплоти́ла своё представле́ние о си́льном челове́ке.

Житие́ свято́го бо́льше чем биогра́фия. Оно́ обращено́ со́бственно не к слу́шателю и́ли чита́телю, а к моля́щемуся. Оно́ бо́лее чем поуча́ет. Оно́ опи́сывает жизнь индивидуа́льной ли́чности, но расска́зывает о де́ятельности э́той свято́й ли́чности, что́бы показа́ть, что всё, чего́ тре́бует от нас уче́ние Христа́, не то́лько исполни́мо, но не раз и исполня́лось, ста́ло быть достижи́мо и для други́х.

Главо́й и учи́телем пу́стынного мона́шества был Се́ргий Ра́донежский, велича́йший из святы́х дре́вней Руси́ и основа́тель, в сороковы́х года́х 14 ве́ка, Тро́ице Се́ргиева монастыря́. Э́тот монасты́рь нахо́дится всего́ миль со́рок на се́веро-восто́ке от Москвы́, но в те времена́ э́та о́бласть была́ ещё покры́та глухи́ми леса́ми, ма́ло заселена́ и то́же счита́лась ''пу́стыней.''

Се́ргий роди́лся, когда́ вымира́ли после́дние старики́, уви́девшие свет о́коло вре́мени тата́рского разгро́ма ру́сской земли́ и когда́ уже́ бы́ло тру́дно найти́ люде́й, кото́рые бы э́тот разгро́м по́мнили. Но во всех ру́сских не́рвах ещё жи́во бы́ло впечатле́ние у́жаса, произведённого э́тим всенаро́дным бе́дствием и постоя́нно подновля́вшегося ча́стыми ме́стными наше́ствиями тата́р. Э́то бы́ло одно́ из тех наро́дных бе́дствий, кото́рые прино́сят не то́лько материа́льное, но и нра́вственное разоре́ние, надо́лго поверга́я наро́д в ме́ртвенное оцепене́ние. Лю́ди беспо́мощно опуска́ли ру́ки, не находя́ и не ища́ никако́го вы́хода.

Для того́, чтобы сбро́сить тата́рское и́го, самому́ ру́сскому о́бществу ну́жно бы́ло приподня́ть и укрепи́ть свои́ нра́вственные си́лы, прини́женные веко́вым порабоще́нием и уны́нием. Э́тому де́лу, нра́вственному воспита́нию наро́да, и посвяти́л свою́ жизнь Се́ргий Радо́нежский. Он на́чал с самого́ себя́ и продолжи́тельным уедине́нием, испо́лненным трудо́в и лише́ний, пригото́вился быть руководи́телем други́х пустынножи́телей.

Мир смотре́л на жизнь в монастыре́ Се́ргия и то, что он ви́дел, быт и обстано́вка пу́стынного бра́тства, научи́ли его́ тем са́мым пра́вилам, кото́рыми кре́пко людско́е христиа́нское общежи́тие. Пятьдеся́т лет де́лал Се́ргий своё ти́хое де́ло в пу́стыни; це́лые полве́ка приходи́вшие к нему́ лю́ди че́рпали в его́ о́бществе утеше́ние и ободре́ние и, вороти́сь в свой круг, дели́лись им с други́ми. Се́ргий вдохну́л чу́вство нра́вственной бо́дрости и духо́вной кре́пости в ру́сское о́бщество.

Собы́тие, вы́рощенное э́тим влия́нием, состоя́ло в том, что наро́д, привы́кший дрожа́ть при одно́м и́мени тата́рина, собра́лся наконе́ц с ду́хом и не то́лько нашёл в себе́ му́жество встать, но и пошёл иска́ть тата́рских по́лчищ в откры́той степи́ и там в 1380 году́ навали́лся на враго́в, похорони́в их под свои́ми многоты́сячными костя́ми. Се́ргий благослови́л на э́тот по́двиг гла́вного вождя́ ру́сского ополче́ния, сказа́в: "Иди́ на безбо́жников сме́ло, без колеба́ния, и победи́шь."

Большинство́ святы́х 14 и нача́ла 15 ве́ка бы́ли ученика́ми Се́ргия. Мона́хи отдава́ли всю жизнь служе́нию духо́вным и мора́льным идеа́лам. Они́ все си́лы напряга́ли, чтобы подня́ть нра́вственный у́ровень окружа́ющего их ми́ра, чтобы осуществи́ть ца́рство Бо́жие на земле́. Догмати́ческие вопро́сы теоло́гии их не занима́ли. В монастыря́х отсу́тствовала нау́чная мысль, у́мственный труд. Ни у одного́ из святы́х э́того вре́мени не́ было любви́ к зна́нию.

Са́мыми це́нными произведе́ниями э́той исключи́тельно духо́вной культу́ры бы́ли церко́вное пе́ние и ико́ны. Православная церковь допускала в богослужении только вокальную музыку, пение, принципиально отрицая инструментальную музыку. Древнейшее церковное пение было византийского происхождения. Но во время татарского господства начинают замечаться на Руси самостоятельные попытки если не композиторства, то по крайней мере распева на известные уже мелодии.

Отрицая инструментальную музыку, православная церковь также запрещала скульптуру. Мотивом этого запрещения служило опасение, что статую смешают с идолом. Зато усердно поддерживалась религиозная живопись, т. е. мозаики, фрески и иконы. В 14 и 15 веках в России византийские мозаики и стенные фрески уступают место деревянной иконе. Иконопись достигает блестящего расцвета и становится одним из величайших художественных достижений русского монастыря.

К концу 15 века монастыри, в особенности в центральной области страны, начали заметно богатеть, получая щедрые подарки не только деньгами но и земельными участками от населения. Это привело к важному спору о церковном имуществе.

Главным защитником церковной собственности был Иосиф Волоцкий, игумен богатого Волоколамского монастыря в центральной области страны. Иосиф защищал церковное имущество во имя социальных задач церкви. Он утверждал, что монастырь должен быть богат, чтобы привлекать выдающихся людей в монахи. Без таких людей вера пострадала бы, церковь не могла бы оказывать духовного влияния на народ. На монастырь Иосиф смотрел как на своего рода государственное учреждение, имеющее целью подготовлять служителей государственной церкви.

Против Иосифа выступил Нил Сорский, основатель пустынного монастыря на реке Соре, в Белозёрском краю Заволжья. Нил отрицал церковное имущество во имя духовных задач церкви. Он требовал строгого отделения церкви от государства и от земных богатств. Монах должен жить трудами рук своих, а не на чужой счёт. Церковное имущество нужно раздавать бедным. Важно внутреннее христианство, а не внешнее богатство. Нужна духовная свобода, развитие личной совести каждого человека.

Це́рковь должна́ де́йствовать убежде́нием, моли́твой и приме́ром, а не си́лой и принужде́нием.

Ио́сиф был представи́телем госуда́рственного правосла́вия, враг вся́кой свобо́ды. Нил был сторо́нник бо́лее духо́вного, свобо́дного христиа́нства. О́ба встре́тились на церко́вном собо́ре 1503 го́да. Собо́р согласи́лся со взгля́дами Ио́сифа. Э́тот пе́рвый литерату́рный спор в ру́сской исто́рии и его реше́ние оказа́ли глубо́кое влия́ние на после́дующее разви́тие ру́сской це́ркви и подгото́вило в бу́дущем по́лное подчине́ние це́ркви госуда́рству.

# 7

небе́сный divine
свиде́тельствовать to testify, indicate
прича́стие participation
Ева́нгелие gospel
мате́рия matter
Христо́с Christ
по́двиг feat, heroic deed
тщесла́вие vanity
кара́ть to chastise
умиротворе́ние pacification
лик face, image (on icon)
кра́ска color, paint
обра́тный reverse
теле́сность physical essence

по́ступь step, gait
змей dragon
обря́д ritual
умозре́ние speculation
обрека́ть to condemn
обре́чь (perf.)
же́ртва sacrifice (also: victim)
обрамля́ться to be framed
обрами́ться (perf.)
оли́фа drying oil (basis of varnish)
возника́ть to spring up, arise
возни́кнуть (perf.)
моги́ла grave
гробни́ца tomb

## РУ́ССКАЯ ИКО́НА

Ико́на пришла́ в Росси́ю вме́сте с христиа́нством из Византи́и. Само́ сло́во гре́ческого происхожде́ния. Оно́ обознача́ет о́браз и в пе́рвые века́ разви́тия христиа́нства при́няло значе́ние изображе́ния религио́зного сюже́та. Ико́на писа́лась на деревя́нной доске́. В Византи́и наряду́ с ико́нами существова́ли и други́е фо́рмы церко́вного изобрази́тельного иску́сства, гла́вным о́бразом фре́ски и моза́ики. Но в Росси́и ико́на ста́ла гла́вной фо́рмой религио́зной жи́вописи, ввиду́ изоби́лия де́рева и недоста́тка ка́мня как строи́тельного материа́ла.

В Византи́и христиа́нская рели́гия прони́клась тради́циями анти́чного гре́ческого ми́ра. Для анти́чного чу́вства челове́к был гла́вное, он был прекра́сным суще-

31

ство́м, поста́вленным среди́ прекра́сного ми́ра. Анти́чные бо́ги бы́ли прекра́сной идеализа́цией челове́ка. В Византи́и же челове́к и мир ста́ли прекра́сными не са́ми по себе́, а потому́ что в них отража́ется небе́сное и са́ми они́ как по ступе́ням спосо́бны восходи́ть к нему́. Вели́кая ле́стница объедини́ла два ми́ра в оди́н.

Исходя́ из э́того миропонима́ния, религио́зная византи́йская мысль и жи́вопись приде́рживались взгля́да, что боже́ственность и челове́чность Христа́ неразде́льны. Христо́с и Бог и Челове́к. Ико́на Христа́ есть еди́ный о́браз Бо́га и Челове́ка в Богочелове́ке; она́ свиде́тельствует живу́ю связь Христа́ с ми́ром, изобража́я прича́стие челове́ка к боже́ственной жи́зни.

Поэ́тому ико́на в правосла́вной це́ркви не карти́на, не декора́ция, да́же не иллюстра́ция Ева́нгелия. Она́ бо́льше. Она́ вхо́дит в соста́в литурги́и и явля́ется ча́стью символи́зма це́ркви, где всё, начина́я с самого́ зда́ния, име́ет символи́ческое значе́ние, где мате́рия употребля́ется для раскры́тия духо́вного смы́сла церко́вной слу́жбы и рели́гии.

Це́рковь—помеще́ние, освещённое прису́тствием Бо́га. В правосла́вном хра́ме алта́рь, си́мвол боже́ственного ми́ра, отделя́ется от остально́й, мирско́й ча́сти це́ркви стено́й, кото́рая называ́ется иконоста́сом. Иконоста́с представля́ет собо́й грани́цу ме́жду э́тими двумя́ мира́ми, небе́сным и земны́м. Связь ме́жду ни́ми раскрыва́ют ико́ны, кото́рыми покры́та э́та стена́. Хотя́ ико́ны ве́шают и расставля́ют по всей це́ркви, гла́вное ме́сто, предназна́ченное для них, и́менно иконоста́с.

Иконоста́с ука́зывает доро́гу от Бо́га к челове́ку и от челове́ка к Бо́гу. Центра́льное ме́сто всегда́ занима́ет ико́на Христа́, т.е. Бо́га, ста́вшего Челове́ком. По о́бе сто́роны от Него́ располо́жены о́бразы апо́столов и други́х святы́х. Но ви́дное ме́сто в иконоста́се и вообще́ в религио́зном созна́нии ру́сского челове́ка отведено́ та́кже ико́нам Богома́тери—Челове́ка, роди́вшего Христа́ и переше́дшего грани́цу от земно́го к небе́сному.

Благодаря́ духо́вному значе́нию ико́ны, и́конопись не

считалась только художественным творчеством, но одновременно и религиозным подвигом. Поэтому отличительной особенностью иконописи является её анонимность. Увековечение памяти своего мастерства путём подписи иконописец считал греховным тщеславием. Лишь незначительное число имён выдающихся иконописцев дошло до нас. Имя отдельного мастера заслоняется коллективным понятием школы.

Естественно, что самой старинной русской школой иконописи является киевская, в которой ещё чувствуется византийское влияние, следы суровости и угрюмости. В византийских иконах Христос представлен неумолимо величавым судьёй, как бы карающим человека за тысячилетнее, многогрешное язычество. Но русская молодая христианская вера смягчила византийскую строгость и внесла в иконопись чувство просветлённого, радостного умиротворения. Богоматерь превратилась в задумчивую, нежную Богородицу, смягчился и образ Христа. Скорбной жалостью и печалью, не византийским гневом, исполнен Его русский лик.

Новгородская школа 13 и 14 и московская школа 14 и 15 веков являются главными примерами расцвета русской иконописи. Новгородская школа отличается простотой композиции, угловатыми линиями, сдержанностью жестов и яркостью красок. Фигуры сильные, лица изображены с крепкими, иногда даже грубыми чертами. В московской школе преобладают мягкие, гармоничные линии, нежные краски, стройные, утончённые фигуры и тонкие очертания лиц и одежд.

Так как идея иконы—соединение земного и небесного, то для понимания иконы необходимо обратиться к вопросу, какими художественными способами иконописец стремился выразить это соединение. На западе художники добивались изображения, всё более и более полного и точного, земной действительности. Они искали пластической правды, завоёвывая пространство, перспективную глубину, пользуясь уроками скульптуры. Русские иконописцы искали как раз обратного—отделения от действительности. Они стремились прочь от реальности. Это их основная цель, которой

подчинены́ все худо́жественные спо́собы, и́ми испо́льзо-
ванные.

Среди́ э́тих спо́собов выделя́ется пре́жде всего́ обра́тная
перспекти́ва. Ли́нии предме́тов, изображённых на ико́не,
по ме́ре удале́ния не схо́дятся, а расхо́дятся. Э́то не зна́чит,
что зако́ны простра́нственной перспекти́вы не́ были изве́стны
древнеру́сским худо́жникам. Сплошь и ря́дом, в дета́лях
ико́н мо́жно найти́ и э́ту перспекти́ву. Но в гла́вных черта́х
компози́ции ико́ны преоблада́ет и́менно обра́тная пер-
спекти́ва. Здесь она́ употребля́ется умы́шленно. То́чки
схо́да перемести́лись из вне́шней глубины́, из глубины́
карти́ны, в обра́тную, т.е. вну́треннюю глубину́, в духо́вное
созна́ние зри́теля. В ико́не всё стро́ится и изобража́ется
изнутри́, а не извне́, по зако́нам ду́ха, а не по зако́нам
мате́рии. Употребля́я обра́тную перспекти́ву, иконопи́сец
стреми́лся удали́ться от земно́го поня́тия простра́нства
и подчеркну́ть, что опи́санное на ико́не происхо́дит вне
зако́нов челове́ческой ло́гики и земно́й жи́зни.

Иконопи́сец та́кже стреми́лся освободи́ть ико́ну от
зако́нов вре́мени, веще́ственной тя́жести и теле́сности.
В ико́не нет ни про́шлого, ни бу́дущего, ни дня, ни но́чи.
Земно́е со́лнце никогда́ не восхо́дит и не захо́дит в э́той
стране́ ве́чного све́та. И потому́ отсу́тствуют перехо́ды
из то́на в тон в кра́сочных сочета́ниях, де́вственно я́сные
цвета́ череду́ются, не сме́шиваясь друг с дру́гом и то́лько
в изло́мах оде́жд двойны́е рефле́ксы передаю́т лучи́стыми
отли́вами мерца́ющую ро́скошь нерукотво́рных тка́ней.
Предме́ты не отбра́сывают тене́й и мы не ощуща́ем их
ве́са и объёма.

Зага́дочно подо́бные друг дру́гу, безуча́стные к суета́м
земли́, едва́ отража́ют её скорбь и ра́дость ли́ки "победи́вших
смерть" избра́нников. В э́тих ли́ках нет и намёка на земну́ю
красоту́. Но все движе́ния, выраже́ние глаз, все ли́нии
компози́ции полны́ глубо́кого чу́вства гармо́нии, жа́лости
к челове́честву и всё понима́ющей и всё проща́ющей любви́.
Тела́ изображённых на ико́не фигу́р вы́тянулись безме́рно
и по́ступь их окрылённая. Дви́гаясь, они́ не перемеща́ются,
потому́ что вокру́г них нет доро́г, ни направле́ний,

ни протяжений. Примером могут послужить многочисленные иконы, изображающие победу святого Георгия над
змеем. Ни одна из этих икон не похожа на другую,
но на всех конь святого Георгия несётся без всякого
животного усилия, лик Георгия спокоен, даже задумчив,
копьё занесено как торжественный обряд, а не как
отважный удар. И конь и всадник совершают духовный
подвиг. Не борьбу, а естественное торжество света над
тьмой изображают эти иконы.

К художественным приёмам иконописца принадлежит
также употребление красок, которое позволило знатокам
русской иконописи говорить об "умозрении в красках".
Главными тонами иконной живописи являются красный,
жёлтый, синий и зелёный, т.е. основные тона, из которых
образуется всё для нас видимое. Красный соответствует
цвету крови, жизни, синий—воздуху, пространству, бес-
конечности, жёлтый—солнцу, свету, царственности. Из
смешения жёлтого с синим, света с воздухом, получается
зелёный цвет, цвет растительного царства, роста и развития.
Всё в иконе построено на символическом сочетании и
противоположении этих красок. Золотой цвет употребляется
как верховный символ небесного. Мир изображён как
весь освещённый небесным светом.

Крупнейшим русским иконописцем, имя которого дошло
до нас, был Андрей Рублёв, монах Троице Сергиева
монастыря. Юность и зрелость его принадлежат второй
половине 14 и началу 15 века. Скончался Рублёв по одним
известиям в 1427, по другим в 1430 году. Рублёв жил в
ближайшем окружении Сергия Радонежского и посвятил
его памяти своё величайшее произведение, икону Троицы.
Эта икона изображает Бога Отца, Бога Сына и Бога Духа,
явившихся, по библейской легенде, в образе трёх ангелов,
к Аврааму. В глубоком раздумье о судьбах мира, три
ангела расположились на невысоких сиденьях. Их лица
очень похожи друг на друга, отсутствует разница в их
возрасте, но каждый имеет своё особое выражение.
Ангел в центре, Бог Отец, поворотом головы в сторону
левого ангела даёт ему понять, что Он посылает Его
в мир и обрекает на смерть. Левый ангел, Бог Сын, при-

поднял ру́ку в знак согла́сия. Пра́вый ангел, Бог Дух, скорбно и смире́нно склони́л го́лову в сто́рону остальны́х двух. В очерта́нии его́ фигу́ры начина́ется кругова́я ли́ния всей компози́ции ико́ны, кото́рая продолжа́ется в склонённой голове́ центра́льного а́нгела и ока́нчивается плечо́м и ного́й ле́вого а́нгела. Гру́ппа а́нгелов впи́сана в си́мвол бесконе́чности—кру́га. Ико́на представля́ет акт велича́йшей же́ртвы боже́ственной любви́ к челове́честву и акт велича́йшего послуша́ния, гото́вность Бо́га Сы́на на страда́ние.

С 17 ве́ка, с появле́нием све́тской культу́ры в Росси́и, начина́ется упа́док и́конописи. Из иску́сства она́ превраща́ется в ремесло́. Но́вое значе́ние приобрета́ет зо́лото, ра́ньше освеща́ющее ико́ну сия́нием боже́ственного ми́ра. Тепе́рь ико́на обрамля́ется металли́ческой накла́дкой, так называ́емой ри́зой, укра́шенной драгоце́нными камня́ми и же́мчугом и оставля́ющей откры́тыми то́лько изображе́ние лиц и рук.

Но не то́лько э́тот пы́шный золото́й за́навес спусти́лся на ру́сскую и́конопись. Начина́я забыва́ть духо́вное значе́ние и красоту́ ико́нных кра́сок и колори́та, ру́сские лю́ди ста́ли покрыва́ть деревя́нную до́ску, на кото́рой была́ напи́сана ико́на, слоя́ми оли́фы для предохране́ния ико́ны от влия́ния таки́х разруши́тельных сил, как сы́рость, переме́ны в температу́ре, пыль и пр. Оли́фа, затвердева́я, образова́ла то́лстую стекловидную пове́рхность, из под кото́рой, с ка́ждым но́вым сло́ем, всё слабе́е и слабе́е сквози́ли кра́ски и очерта́ния ико́ны. Весь 18 и 19 век прошли́ под зна́ком забве́ния ру́сского религио́зного иску́сства.

Но дре́вней и́конописи предстоя́ло возрожде́ние. В Евро́пе конца́ 19 ве́ка лю́ди, утомлённые не то́лько сло́жностью и прозаи́чностью промы́шленного ве́ка, но и продолжи́тельным госпо́дством реали́зма в иску́сстве, на́чали иска́ть но́вых худо́жественных форм. Возни́к импрессиони́зм в жи́вописи, символи́зм в литерату́ре. О́ба движе́ния оказа́ли глубо́кое влия́ние на разви́тие иску́сств в Росси́и и привели́ к но́вому изуче́нию и понима́нию дре́вней ру́сской и́конописи.

Лу́чшей охра́ной худо́жественных произведе́ний во все времена́ была́ моги́ла. Весь Еги́пет встал из гробни́ц. В Росси́и оли́фа была́ той моги́лой, кото́рая сохрани́ла и донесла́ до 20 ве́ка нетро́нутым стари́нное иску́сство ру́сских иконопи́сцев. Реставра́торам ико́н приходи́лось де́лать настоя́щие раско́пки, снима́я с доски́ то́лстые слои́ оли́фы. Но под э́тими слоя́ми сохрани́лись первонача́льные я́ркие кра́ски и светя́щиеся тона́, кото́рые тепе́рь возника́ют пе́ред на́ми во всём своём горе́нии. Как анти́чный мир для люде́й Возрожде́ния, так дре́внее ру́сское иску́сство вста́ло во всей полноте́ и я́ркости пе́ред на́шими глаза́ми. Никогда́ нельзя́ бы́ло предположи́ть, что в кори́чневой моги́ле оли́фы скры́ты э́ти сия́ющие, све́тлые тона́.

Пе́ред са́мым нача́лом Пе́рвой мирово́й войны́ бы́ли устро́ены вы́ставки реставри́рованных ико́н не то́лько в Росси́и, но и в Евро́пе, и дре́вняя ру́сская и́конопись была́ при́знана важне́йшим вкла́дом в мирово́е иску́сство.

# 8

скáзка  fairy tale
сказáние  legend
действи́тельность  (f.)  reality
чудéсный  miraculous
инóй  other, different
волшéбный  magical
окрáска  tint, hue
Жар-пти́ца  Fire Bird
воображéние  imagination
неви́димый  invisible
скрывáть  to conceal, hide
  скрыть  (perf.)
ничтóжество  insignificance
слия́ние  fusion, merging

довéрие  trust, confidence
мýдрый  wise
дурáк  fool
испытáние  trial, test
испы́тывать  to test (also: to experience)
испытáть  (perf.)
живóтное  animal
зверь  (m).  beast
томи́ться  to languish
лягýшка  frog
невéста  bride
сочетáние  combination
мечтá  daydream, longing

## СКÁЗКА И СКАЗÁНИЕ

Скáзка стрáнствует, передаётся от нарóда к нарóду. Национáльное в скáзке почти́ всегдá вариáнт óбщечеловéческого. Основнáя тéма скáзки всех векóв и всех нарóдов—э́то ухóд от гнетýщей человéка бéдности, ухóд от сурóвой, мрáчной действи́тельности и подъём к богáтству чудéсного, подъём в инóе, волшéбное цáрство. Национáльная окрáска скáзки проявля́ется в конкрéтном изображéнии э́того волшéбного цáрства, в конкрéтном вы́боре герóев, котóрые и́щут э́то цáрство, и в конкрéтном описáнии собы́тий, происходя́щих по дорóге в волшéбный мир.

Неизвéстное, волшéбное, вмéсте с тем и дáльнее. Для обозначéния отдалённости инóго цáрства в рýсской скáзке име́ется мно́жество ра́зных выраже́ний. По одно́й ве́рсии е́хать туда́ ну́жно "три́дцать дней и три́дцать ноче́й," по друго́й "криво́й доро́гой три го́да е́хать, а прямо́й три часа́. То́лько пря́мо то прое́зду нет." Ино́е ца́рство от нас "за три́девять земе́ль," э́то тот край све́та, где "кра́сное со́лнышко из си́него мо́ря восхо́дит" и́ли "страна́, где ночу́ет со́лнце." Всё, свя́занное с ины́м ца́рством мо́жет принима́ть золоту́ю окра́ску, наприме́р Жар-пти́ца, цель иска́ний геро́ев во мно́гих ру́сских ска́зках. Это пти́ца, пе́рья кото́рой облада́ют спосо́бностью свети́ть и свои́м бле́ском поража́ют зре́ние челове́ка.

Ино́е ца́рство иногда́ нахо́дится под землёй, на горе́ и́ли под водо́й. Центра́льное ме́сто в наро́дном ру́сском воображе́нии занима́ет неви́димый Град Ки́теж. Стои́т он на о́зере Све́тлом Я́ре за Во́лгой. Цел тот го́род со времён тата́рского наше́ствия, с белока́менными стена́ми, золоты́ми купола́ми церкве́й, с бога́тыми монастыря́ми, кня́жескими дворца́ми, с боя́рскими ка́менными дома́ми. Цел град, но неви́дим.

Скры́лся он чуде́сно, когда́ безбо́жный царь Бату́, разори́в Русь Су́здальскую, пошёл покоря́ть Русь Ки́тежскую. Подошёл тата́рский царь к гра́ду Вели́кому Ки́тежу, хоте́л дома́ сжечь, люде́й переби́ть, жён и деви́ц в плен угна́ть. Не допусти́л Бог разоре́ния христиа́нского гра́да. Де́сять дней, де́сять ноче́й Бату́ иска́л град Ки́теж, и не мог найти́. И до сих пор тот град стои́т неви́дим. А на о́зере Све́тлом Я́ре, в ти́хий ле́тний ве́чер видне́ются отражённые в воде́ сте́ны, це́ркви, монастыри́, дворцы́ и дома́. И слы́шится по ноча́м глухо́й, печа́льный звон колоколо́в ки́тежских.

Слия́ние ме́жду ска́зочным и христиа́нским, кото́рое лежи́т в осно́ве сказа́ния о гра́де Ки́теже, о́чень характе́рно и для ру́сской ска́зки. Это слия́ние проявля́ется та́кже в вы́боре геро́ев волше́бной ска́зки. Иска́тель ино́го ца́рства—богаты́рь и́ли дура́к. Но в ска́зке о́браз богатыря́ ре́зко отлича́ется от были́нного богатыря́ ки́евских времён. В были́не, богаты́рь си́льная, хра́брая фигу́ра. Его́ ли́чный по́двиг стои́т в це́нтре де́йствия. В ска́зке, богаты́рь я́сно ви́дит своё ничто́жество, сознаёт свою́ беспо́мощность.

В сказке человек всё время сталкивается с напоминанием о каком-то роковом для него пределе, о его зависимости свыше. Богатырь достигает цели магическим путём. Например сила вливается в него извне, иногда через чудесный напиток. Он играет совершенно пассивную роль, от него требуется только безграничное доверие, покорность и преданность той высшей силе, которая его ведёт.

Ум героя также не играет никакой роли. Магический поступок, который кажется людям бессмысленным, нередко оказывается самым мудрым. Неудивительно, что рядом с богатырём сказки является дурак, т. е. существо совершенно лишённое всякого человеческого разума. Дурак ничего не делает и ничего не знает. О чём бы его не спросили, даже о том, как его зовут, у него один ответ: "Не знаю." Все его поступки кажутся людям глупыми, а между тем они всегда оказываются мудрее, чем поступки его "умных братьев."

В этом выборе героев русской сказки также чувствуются религиозные отзвуки христианства. Человек глубоко сознаёт своё ничтожество, бессилие своего разума и отдаёт себя всецело во власть высшей, чудесной силе. В русской сказке необыкновенно слабо выражено действие снизу. Человек ждёт всех благ жизни свыше, надеется на чудесную помощь и при этом совершенно забывает о своей личной ответственности.

Это не значит, что герой русской сказки не переживает тяжёлых испытаний. Чтобы достигнуть иного царства, нужно совершить большие подвиги, преодолеть много препятствий и прежде всего бесконечное расстояние, отделяющее нашу действительность от лучшего, волшебного мира. Отсюда волшебные способы передвижения. Один из любимых образов русской сказки—магическое животное или птица, которые помогают человеку перенестись в иное царство. То это серый волк, то орёл, то сокол. Но все они имеют одну и ту же цель: помочь человеку уйти и поднятся над действительностью. И всегда этот уход требует великих жертв от человека. Образ Ивана-царевича, который отдаёт собственное тело на кормление орла, чтобы добыть невесту, "ненаглядную красоту," принадлежит к числу́ люби́мых в ру́сской ска́зке и повторя́ется в ней не раз. Челове́к свя́зывается со зве́рем про́чной свя́зью взаи́много сострада́ния. В мину́ту кра́йней нужды́ и́ли опа́сности зве́ри помога́ют челове́ку и спаса́ют его́. Но и челове́к освобожда́ет живо́тное и помога́ет ему́. Вся́кий зверь про́сит челове́ка о по́мощи и поща́де поня́тным ему́ "го́лосом челове́ческим."

С э́тим свя́зана накло́нность ска́зки ви́деть в живо́тном челове́ка, кото́рый томи́тся в звери́ном о́бразе, пока́ не я́вится до́брый челове́к—освободи́тель, кото́рый его́ пожале́ет и спасёт. Наибо́лее я́рким выраже́нием э́той мы́сли слу́жит ска́зка о Царе́вне-лягу́шке, кото́рая говори́т Ива́ну богатырю́, что он до́лжен взять её за́муж, что́бы вы́йти из боло́та, в кото́рое он попа́л. С по́мощью лягу́шки Ива́н выхо́дит из боло́та и она́ возвраща́ется в свой челове́ческий о́браз царе́вны.

Э́то уча́стие звере́й в жи́зни и подъёме челове́ка—оди́н из наибо́лее я́рких и люби́мых моти́вов ру́сской наро́дной ска́зки. Солида́рность всего́ живо́го на земле́, челове́ка и зве́ря, то́же одно́ из христиа́нских открове́ний и в ча́стности одна́ из люби́мых тем ру́сского жития́ святы́х.

Характе́рно, что му́дрость в ска́зке представля́ется не в мужско́м, а в же́нском о́бразе. Преоблада́ют два же́нских ти́па: му́драя стару́ха и му́драя неве́ста. Стару́ха обыкнове́нно носи́тельница не то́лько му́дрости, но и вла́сти, кото́рая даётся зна́нием: "Что ни есть на бе́лом све́те, всё ей покоря́ется." В неве́сте, наприме́р в Васили́се-Прему́дрой, с му́дростью соединя́ется и красота́, облада́ющая си́лой волше́бного де́йствия. Сочета́ние в же́нском о́бразе вы́сшей му́дрости, красоты́ и вла́сти над всем ми́ром напомина́ет тот о́браз Софи́и Прему́дрости Бо́жьей, кото́рая вдохновля́ла строи́телей хра́мов и иконопи́сцев Ки́евской Руси́.

Ру́сская ска́зка—э́то преле́стная поэти́ческая грёза, мечта́ о лу́чшем ми́ре, мечта́, в кото́рой ру́сский челове́к иска́л успокое́ния и о́тдыха. Ска́зка окрыля́ет его́ воображе́ние, но в то же вре́мя усыпля́ет его́ эне́ргию. В герма́нских ска́зках челове́к то бо́рется со свои́ми бога́ми, то спаса́ет

их самúх из трýдного положéния. В рýсской скáзке, при
встрéче с чудéсным, человéк как-то срáзу опускáет рýки.
Он испúтывает очаровáние, восхищéние, весь превращá-
ется в слух и зрéние, но не перехóдит к дéйствию, а
ждёт богáтства жúзни как дар свúше, от Бóжьей вóли, от
Жар-птúцы úли от сéрого вóлка.

Искáние инóго цáрства в рýсской скáзке представлúло
собóй ступéнь в той лéстнице, котóрая привóдит нарóдное
сознáние от язúчества к христиáнству.

# 9

превращение transformation
содействовать to contribute, further
убежище refuge
стекаться to flow together, merge
обогащение enrichment
возвышение elevation (abstract)
награда reward
поручение commission, task
потомство posterity
власть (f.) power

преемник successor
блеск brilliance
умеренность (f.) moderation
поколение generation
почтительный respectful
выгода advantage
образцовый model (adj.)
единый sole
чопорность (f.) affectation, stiffness
Возрождение Renaissance
холм hill

## МОСКВА—ЕЁ ПРЕВРАЩЕНИЕ ИЗ УДЕЛА В ГОСУДАРСТВО

Первое известие о Москве, сохранившееся в летописях, относится к 1147 году. В то время это было маленькое пограничное поселение, возникшее на перепутье между днепровским югом и верхневолжским севером. Название Москвы совпадало с названием реки, на которой оно находилось. Река Москва служила водным путём между севером и югом Междуречья, между верхней Волгой и средней Окой. По ней же можно также было держать путь на восток, во Владимир.

Такое центральное географическое положение много содействовало росту и развитию Москвы. Со всех сторон она была прикрыта от внешних врагов. Татарские удары падали на соседние уделы—Рязанский, Нижегородский, Ростовский, Ярославский, Смоленский—и очень редко

43

достигали до Москвы, за исключением первого татарского погрома 1238 года, захватившего и Москву. Благодаря такому прикрытию московская область стала убежищем для окружающего населения, всюду страдавшего от татарских нападений. Столь редкий покой вызвал к концу 13 века движение русского населения в Междуречье с востока на запад, из старых ростовских и суздальских поселений в пустынные углы маленького московского удела.

В первой половине 14 века произошло два важных события, которые значительно ускорили начавшийся подъём Москвы. Во первых Москва сделалась церковной русской столицей. Татарским нашествием окончательно опустошена была старинная Киевская Русь, пустевшая с половины 12 века. Вслед за населением на север ушёл в 1299 году и высший иерарх русской церкви, киевский митрополит Максим и поселился во Владимире. Преемник Максима, митрополит Пётр, странствуя по Руси, часто бывал в Москве и у него завязалась тесная дружба с князем этого удела, Иваном I. Случилось так, что здесь, в 1326 году, митрополит Пётр и умер. А преемник Петра Феогност уже не захотел жить во Владимире и поселился в Москве.

Так Москва стала церковной столицей Руси задолго прежде, чем сделалась столицей политической. Богатые материальные средства, которыми располагала тогда русская церковь, освобождённая от татарской дани, стали стекаться в Москву, содействуя её обогащению. Ещё важнее было нравственное впечатление, произведённое этим перемещением церковной столицы на население. Здесь с большим доверием стали относиться к московскому князю, полагая что все его действия совершаются с благословения главы русской церкви.

Второе важное для возвышения Москвы событие тоже связано с личностью Ивана I. Ему удалось установить выгодные сношения с татарами. Видя, что на татар гораздо легче действовать смирением и деньгами, чем сопротивлением и оружием, Иван усердно ухаживал за ханом. Никто из русских князей чаще Ивана не ездил на поклон к хану. Там он был всегда желанным гостем, потому́ что приезжа́л туда́ не с пусты́ми рука́ми, а с бога́тыми пода́рками. В награ́ду за тако́е поведе́ние Ива́н в 1328 году́ получи́л от ха́на зва́ние вели́кого кня́зя и поруче́ние собира́ть со всех уде́лов нало́женную тата́рами на Русь дань и доставля́ть её ха́ну.

Со вре́менем Ива́н стал доставля́ть ха́ну то́лько часть со́бранной да́ни, оставля́я значи́тельные су́ммы в со́бствен-ном карма́не. Поэ́тому он перешёл в па́мять пото́мства с прозва́нием Калиты́, т.е. де́нежного кошеля́. Э́ти де́ньги употребля́лись для расшире́ния моско́вских владе́ний. Ива́н Калита́ на́чал скупа́ть зе́мли у други́х ру́сских князе́й, а в слу́чае отка́за прибега́л к вооружённому захва́ту си́лой. Таки́м о́бразом моско́вский вели́кий князь пе́рвый на́чал выводи́ть Русь из состоя́ния полити́ческого разобще́ния, в како́е привёл её уде́льный поря́док, на́чал собира́ть ру́сские зе́мли и заставля́ть их признава́ть власть Москвы́.

Истори́ческие па́мятники 14 и 15 веко́в не даю́т нам возмо́жности жи́во воспроизвести́ Кали́тино пле́мя, ли́ч-ность ка́ждого из прее́мников Ива́на Калиты́. Они́ явля́-ются в э́тих па́мятниках дово́льно бле́дными фигу́рами сменя́вшими друг дру́га под и́менем Семёна, друго́го Ива́на, Дими́трия, Васи́лия, друго́го Васи́лия. Всма́триваясь в них, легко́ заме́тить, что пе́ред на́ми прохо́дят не своеобра́зные ли́чности, а однообра́зные повторе́ния одного́ и того́ же семе́йного ти́па.

Все моско́вские вели́кие князья́ до Ива́на III как две ка́пли воды́ похо́жи друг на дру́га, так что наблюда́тель иногда́ затрудня́ется реши́ть, кто из них Ива́н и кто Ва-си́лий. Э́то князья́ без вся́кого бле́ска, без при́знаков как герои́ческого, так и нра́вственного вели́чия. Не блестя́ ни кру́пными тала́нтами, ни я́ркими до́блестями, они́ та́кже не отлича́лись и кру́пными поро́ками и́ли страстя́ми. Э́то де́лало их во мно́гих отноше́ниях образца́ми уме́ренности и аккура́тности. Э́то сре́дние лю́ди дре́вней Руси́. В пяти́ поколе́ниях оди́н Дими́трий Донско́й далеко́ вы́дался впе-рёд из ря́да свои́х предше́ственников и прее́мников. Вели́кая би́тва на Дону́ в 1380 году́, пе́рвая им дости́гнутая побе́да ру́сских над тата́рами, положи́ла на него́ герои́ческий о́тблеск выдаю́щегося челове́ка.

Лу́чшей семе́йной черто́й моско́вских князе́й бы́ло то, что все бы́ли почти́тельные сыновья́. Они́ свя́то почита́ют па́мять и заве́т свои́х роди́телей. Поэ́тому среди́ них ра́но скла́дывается насле́дственный запа́с поня́тий, привы́чек и приёмов, образу́ется отцо́вское и де́довское преда́ние, кото́рое заменя́ло им ли́чный ра́зум. Отсю́да после́довательность де́йствий, ро́вность движе́ния у моско́вских князе́й. Они́ де́йствуют бо́лее по па́мяти, по заве́ту отцо́в, чем по ли́чному реше́нию. Рабо́та у них идёт ро́вной, непреры́вной ни́тью, сын по ме́ре сил продолжа́ет де́ло отца́.

Все они́ хоро́шие хозя́ева, ко́пят по мелоча́м, понемно́гу, де́йствуют во и́мя ли́чных вы́год и интере́сов. К полови́не 15 ве́ка ру́сский наро́д привы́к смотре́ть на моско́вского кня́зя, как на образцо́вого хозя́ина, а на моско́вское вели́кое кня́жество как на са́мое благоустро́енное владе́ние на Руси́.

В 1462 году́ главо́й э́того владе́ния стано́вится Ива́н III. Он был после́дним собира́телем Руси́. При нём после́дние незави́симые уде́льные князья́ призна́ли власть Москвы́. При нём произошло́ покоре́ние Но́вгорода с его́ обши́рными зе́млями. При нём же происхо́дит оффициа́льное и оконча́тельное сверже́ние тата́рского и́га. Ра́нее, моско́вский вели́кий князь был са́мым си́льным и бога́тым среди́ уде́льных князе́й, а его́ земля́ была́ одни́м из не́скольких отде́льных владе́ний. Тепе́рь моско́вский князь стано́вится еди́ным прави́телем национа́льного госуда́рства. Грани́цы э́того госуда́рства тепе́рь совпада́ют с преде́лами се́веро-восто́чной ру́сской наро́дности. До сих пор, моско́вское кня́жество бы́ло прикры́то от вне́шних враго́в други́ми, ру́сскими же кня́жествами и́ли зе́млями незави́симых городо́в. Тепе́рь самостоя́тельное моско́вское госуда́рство стано́вится глаз на́ глаз с иностра́нными держа́вами.

Ива́н III начина́ет называ́ть себя́ царём всей Руси́, начина́ет сознава́ть произоше́дшую переме́ну в своём положе́нии. Чу́вство возвыше́ния и мо́щи ещё бо́лее уси́лилось, когда́ Ива́н III, в 1472 году́, жени́лся на Со́фье Палеоло́г, племя́ннице после́днего византи́йского импера́тора, жи́вшей в Ита́лии. Она́ привезла́ в Москву́ преда́ния и обы́чаи византи́йского двора́ и го́рдость свои́м происхожде́нием. Ива́н на́чал чу́вствовать себя́ прее́мником византийского императорского дома, павшего в 1453 году после взятия Константинополя турками.

При московском дворе стал заводиться сложный и строгий византийский церемониал, который сообщал большую чопорность и натянутость придворной жизни. В московских бумагах с той поры появляется новый, более торжественный язык и пышная терминология. С конца 15 века на печатях Ивана III появляется византийский герб, двуглавый орёл, как наглядное выражение династической связи с византийскими императорами.

Почувствовав себя в новом положении рядом с знатной женой Софьей, Иван нашёл тесной и некрасивой прежнюю обстановку, в какой жили его скромные предки. В Москву была вызвана из Италии группа итальянских зодчих для постройки новых соборов и дворцов. Во главе этой группы стоял Аристотель Фиоравенти, известный не только в Италии, но и в других европейских странах как один из самых талантливых зодчих. Фиоравенти был послан во Владимир, где он подробно осмотрел местные церкви. В 1478 году он сопровождал Ивана III в походе на Новгород и следовательно видел памятники новгородской архитектуры. Новые московские соборы и дворцы соединяют ряд характерных особенностей владимиро-суздальской и новгородской архитектуры с чертами зодчества итальянского Возрождения.

Строительство Фиоравенти и его помощников сосредоточивалось в Кремле. В древней Руси кремлём называлась крепость, т. е. центральная укреплённая часть города. Кремль города Москвы возник на холме как бы самой природой предназначенном для постройки крепости. Этот крутой холм был защищён с двух сторон Москвой рекой и впадающей в неё речкой Неглинной. Новые великолепные соборы, построенные при Иване III—Успенский, Благовещенский и Архангельский—, Грановитая палата для парадных приёмов, новый каменный дворец на месте старого деревянного, новые высокие стены с башнями окружающие Кремль, всё это должно было соответствовать значению Москвы как столице нового, могущественного государства.

# 10

самодержа́вие autocracy
противоре́чие contradiction
оте́чество fatherland
привы́чка habit
колеба́ние wavering, hesitation
обяза́тельный obligatory
зна́тный distinguished, of noble origin
подбо́р selection, assortment
бестолко́вый stupid
ла́герь (m.) camp
неизглади́мый indelible
уча́сток section, part
принуди́тельный compulsory

уклони́ться to shun, avoid
  perf. of: уклоня́ться
поощря́ть to encourage
  поощри́ть (perf.)
по́дать (f.) tribute, tax
о́бщина commune
дохо́д income
бре́мя burden
приобрести́ to acquire
  perf. of: приобрета́ть
укры́ться to take refuge, hide
  perf. of: укрыва́ться
отря́д division, detachment (military)
угрожа́ть to threaten

## САМОДЕРЖА́ВНАЯ МОСКО́ВСКАЯ РУСЬ
### (до конца́ 16 ве́ка)

За пы́шным фаса́дом но́вых кремлёвских зда́ний, придво́рных обря́дов и ти́тулов скрыва́лось ва́жное и опа́сное противоре́чие. Ива́н III и его́ прее́мники насто́йчиво повторя́ли, что вся ру́сская земля́—их со́бственность. В уде́льные века́, когда́ ме́жду свобо́дным населе́нием и кня́зем существова́ли вре́менные догово́рные отноше́ния, князь был со́бственником то́лько террито́рии. С объедине́нием ру́сских земе́ль под вла́стью Москвы́ положе́ние измени́лось.

Страна́, населённая це́лым наро́дом, для кото́рого она́ ста́ла оте́чеством, не могла́ остава́ться ча́стной со́бственностью прави́теля. Но ни Ива́н III, ни его́ сын Васи́лий III,

48

ни его́ внук Ива́н Гро́зный не смогли́ сбро́сить уде́льных
привы́чек. В их созна́нии бо́рются два противополо́жных
нача́ла: ча́стный со́бственник и национа́льный прави́тель,
самовла́стный хозя́ин и носи́тель верхо́вной госуда́рствен-
ной вла́сти. Э́то колеба́ние ме́жду двумя́ поря́дками при-
вело́ госуда́рство к глубо́ким потрясе́ниям, тем бо́лее, что
не то́лько царь но и населе́ние не уме́ло отвы́кнуть от
проше́дшего, от уде́льных воспомина́ний.

Уде́льные воспомина́ния храни́лись осо́бенно жи́во среди́
боя́р, среди́ бы́вших уде́льных князе́й и их пото́мков. При-
знава́я власть Москвы́ и теря́я незави́симость, уде́льные
князья́ станови́лись слу́гами Москвы́, где они́ слива́лись
с моско́вскими боя́рами в оди́н вы́сший прави́тельствен-
ный, аристократи́ческий класс. Но́вые слу́ги—боя́ре шли
в Москву́ не за но́выми служе́бными вы́годами, как э́то
бы́ло в уде́льные века́, а бо́льшей ча́стью с го́рьким чу́в-
ством сожале́ния о поте́рянных вы́годах уде́льной само-
стоя́тельности. Слу́жба боя́р из во́льной ста́ла обяза́тель-
ной, нево́льной. Моско́вский царь призыва́ет зна́тных
сотру́дников для управле́ния страны́, пре́дки кото́рых
не́когда владе́ли частя́ми э́той страны́.

Но воспомина́ния о про́шлом занима́ли боя́р гора́здо
бо́льше, чем забо́та о настоя́щем, о госуда́рственных дела́х
и о слу́жбе царю́. Э́ти воспомина́ния служи́ли по́водом
постоя́нных генеалоги́ческих спо́ров среди́ боя́р, чей пре́док
име́л бо́льшее значе́ние и владе́л наибо́лее бога́тым и зна-
чи́тельным уде́лом. А генеалоги́ческие спо́ры привели́ к
разрабо́тке це́лой систе́мы, иера́рхии служе́бных отноше́ний
ме́жду боя́рами при моско́вском дворе́. Э́та систе́ма из-
ве́стна под назва́нием ме́стничества. Поздне́йшие поколе́ния
должны́ бы́ли размеща́ться на слу́жбе и за столо́м царя́,
как ра́ньше размеща́лись пе́рвые поколе́ния уде́льных кня-
зе́й по разме́ру и значе́нию их владе́ний. Служе́бное по-
ложе́ние ка́ждого боя́рина при дворе́ не заслу́живалось, а
насле́довалось. Служе́бная карье́ра боя́рина не была́ его́
ли́чным де́лом, его́ ча́стным интере́сом. Э́то ограни́чивало
власть царя́ в пра́ве подбо́ра подходя́щих сотру́дников и
исполни́телей его́ во́ли.

Отсю́да выходи́ли постоя́нные столкнове́ния ме́жду моско́вским царём и его́ боя́рами. Эти столкнове́ния вноси́ли драмати́ческое оживле́ние в церемо́нную жизнь моско́вского двора́. Царь иска́л спосо́бных и послу́шных слуг, а ме́стничество подставля́ло ему́ зна́тных, но ча́сто бестолко́вых люде́й. Служе́бная го́дность оце́нивалась происхожде́нием пре́дков. А э́то зна́чило подчине́ние госуда́рственной слу́жбы обы́чаю, кото́рый корени́лся в нра́вах и поня́тиях уде́льной эпо́хи. И царь и боя́ре бы́ли недово́льны друг дру́гом и госуда́рственным поря́дком, в кото́ром они́ жи́ли и кото́рым они́ руководи́ли. Но ни та ни друга́я сторона́ не могла́ приду́мать друго́го поря́дка, не могла́ освобо-ди́ться от привы́чек уде́льного вре́мени.

Одна́ко положе́ние ру́сской земли́ ре́зко измени́лось со времён уде́льной эпо́хи. Сосе́дями моско́вского госуда́рства бы́ли тепе́рь на за́паде Шве́ция, Ливо́нский о́рден и Литва́, на ю́ге и восто́ке оста́тки тата́рских организа́ций, почти́ ежего́дно напада́вших на окра́ины моско́вской Руси́. Со все́ми э́тими сосе́дями Москва́ вступи́ла в напряжённую оборони́тельно-наступа́тельную борьбу́. Моско́вское госуда́рство походи́ло на вооружённый ла́герь, с трёх сторо́н окружённый врага́ми. Ве́чная опа́сность легла́ неизглади́-мой печа́тью на весь склад моско́вского о́бщества.

Для оборо́ны страны́ нужны́ бы́ли пре́жде всего́ два ору́дия—во́йско и де́ньги. Организа́ция вое́нного, служи́-лого кла́сса начала́сь в после́дней че́тверти 15 ве́ка. Эта боева́я си́ла скла́дывалась из лиц, принадлежа́вших ко всем слоя́м населе́ния, и росла́ с чрезвыча́йной быстрото́й. Гла́вным сре́дством для содержа́ния э́тих служи́лых люде́й явля́лась земля́, так как с объедине́нием Руси́ в распоря-же́нии моско́вского царя́ оказа́лся огро́мный земе́льный фонд. Из э́того фо́нда моско́вское госуда́рство и ста́ло раз-дава́ть уча́стки земли́, так называ́емые поме́стья, служи́-лым лю́дям во вре́менное по́льзование, как вознагражде́ние за слу́жбу.

Поме́стья отводи́лись служи́лым лю́дям преиму́щественно в ю́жных и за́падных частя́х госуда́рства, по бли́зости от возмо́жного теа́тра войны́. Эти вре́менные владе́льцы по-ме́стий ста́ли называ́ться поме́щиками и́ли дворя́нами. Обо-ро́на страны́ сде́лалась принуди́тельной до́лжностью э́того кла́сса. Поме́щик, дворяни́н, уже́ не мог уклони́ться от э́той обя́занности зако́нным путём и бро́сить да́нное ему́ поме́стье.

Разви́тие поме́стной систе́мы привело́ к тому́, что больши́е простра́нства за́нятой крестья́нами земли́ бы́ли пе́реданы дворя́нам, и таки́м о́бразом на э́тих зе́млях создала́сь зави́симость крестья́н от дворя́н. Э́ту зави́симость госуда́рство не то́лько одобря́ло, но и поощря́ло. Дворя́не составля́ли моско́вское во́йско, а крестья́не преврати́лись в класс, обя́занный поставля́ть госуда́рству де́ньги в ви́де по́датей.

Крестья́не жи́ли в о́бщинах, кото́рые называ́лись мира́ми. Среди́ чле́нов ми́ра земля́ дели́лась соразме́рно с рабо́чими си́лами ка́ждой крестья́нской семьи́. Э́та черта́ сближа́ла ру́сский мир с европе́йской о́бщиной, существу́ющей на за́паде в 8 и 9 века́х, во вре́мя расцве́та средневеко́вого феодали́зма. Но там крестья́нин рабо́тал исключи́тельно на покры́тие ли́чных нужд свое́й семьи́ и хозя́йства своего́ господи́на. А в моско́вском госуда́рстве крестья́нин стал гла́вным исто́чником госуда́рственного дохо́да, и пе́ред ним ста́ла тру́дная зада́ча, как увели́чить производи́тельность труда́ с тем, что́бы поставля́ть казне́ тре́буемые по́дати.

При существу́ющих примити́вных ме́тодах земледе́лия э́та зада́ча была́ крестья́нству не по си́ле и оно́ на́чало бе́гством уклоня́ться от непоме́рно тяжёлого бре́мени. Начался́ ма́ссовый крестья́нский вы́ход в "ди́кое по́ле," т. е. в ю́жные степны́е о́бласти, освобождённые от тата́р, но ещё не воше́дшие в соста́в моско́вского госуда́рства. Тут беглецы́ осно́вывали свобо́дные о́бщины и ста́ли называ́ться казака́ми, т. е. во́льными, незави́симыми людьми́. К середи́не 16 ве́ка, при Ива́не Гро́зном, в моско́вском госуда́рстве созда́лся о́стрый хозя́йственный кри́зис, вы́званный недоста́тком рабо́чих рук.

Ива́н Гро́зный ви́дел себя́ с де́тства среди́ чужи́х люде́й. Ему́ бы́ло четы́ре го́да, когда́ у́мер его́ оте́ц, а восьми́ лет он потеря́л и мать. Всю жизнь у него́ сохраня́лось чу́вство одино́чества. Он ра́но усво́ил себе́ привы́чку ходи́ть огля́дываясь и прислу́шиваясь, ра́но привы́к ду́мать, что он окружён то́лько врага́ми. Всего́ трудне́е бы́ло приобрести́ его́ дове́рие. Кни́ги бы́ли люби́мым предме́том его́ заня́тий. Гла́вное, что он чита́л, бы́ло духо́вного содержа́ния, библе́йские писа́ния. Его́ люби́мые те́ксты все отвеча́ют на одну́ те́му, все говоря́т о ца́рской вла́сти, о её боже́ственном происхожде́нии, о ги́бельных сле́дствиях разновла́стья. Ива́н постепе́нно со́здал себе́ из э́тих иде́й идеа́льный мир, в кото́рый уходи́л отдыха́ть от земны́х стра́хов и огорче́ний.

Ива́н был пе́рвый из моско́вских прави́телей, кото́рый жи́во почу́вствовал в себе́ царя́ в настоя́щем библе́йском смы́сле. Он сам для себя́ стал святы́ней, со́здал тео́рию ца́рской вла́сти и самообожа́ния. Усво́ив себе́ таку́ю иде́ю верхо́вной вла́сти, он реши́л, что не може́т пра́вить госуда́рством, как пра́вил его́ оте́ц и дед, при соде́йствии боя́р. Это реше́ние привело́ к созда́нию опри́чнины, в кото́рой Ива́н наде́ялся освободи́ться от боя́р и уничто́жить их сопротивле́ние ца́рской вла́сти.

Всё госуда́рство раздели́лось на две ча́сти, на зе́мщину и опри́чнину. Во главе́ пе́рвой оста́лись боя́ре, во главе́ второ́й стал сам царь. Сло́во опри́чнина в 16 ве́ке бы́ло уже́ устаре́лым те́рмином ста́рого, уде́льного языка́, кото́рый тогда́шняя моско́вская ле́топись перевела́ выраже́нием "осо́бый двор," "осо́бо вы́деленное владе́ние." Опри́чнина захвати́ла чуть не полови́ну всего́ госуда́рства. Сам царь Ива́н смотре́л на опри́чнину, как на своё ча́стное владе́ние, кото́рое он вы́делил из соста́ва госуда́рства. Опри́чнина получи́ла значе́ние убе́жища, куда́ хоте́л укры́ться царь от вражде́бного боя́рства.

Ива́н брал к себе́ в опри́чнину гла́вным о́бразом те города́ и центра́льные о́бласти, в кото́рых жи́ли пото́мки уде́льных князе́й. Зе́мщина же располага́лась вдоль грани́ц госуда́рства.

Но опри́чниной называ́лся та́кже но́вый, состоя́щий из дворя́н отря́д, кото́рый до́лжен был охраня́ть царя́, вы́сшая поли́ция по дела́м госуда́рственной изме́ны. Отря́д состоя́л снача́ла из ты́сячи челове́к и пото́м был увели́чен до шести́ ты́сяч. Опри́чник был оде́т весь в чёрном, на вороно́м коне́. У него́ бы́ли привя́заны к седлу́ соба́чья голова́ и метла́. Это бы́ли зна́ки его́ до́лжности, состоя́вшей в том, что́бы вымета́ть изме́ну и грызть госуда́рственных изме́нников. Из взя́тых в опри́чнину областе́й все опа́сные для Ива́на лю́ди, гла́вным о́бразом пото́мки уде́льных князе́й, переселя́лись в зе́мщину, на окра́ины госуда́рства. Но мно́гих опри́чники му́чили и убива́ли.

Опри́чнина оказа́лась мо́щным ору́дием Ива́на Гро́зного про́тив боя́р, с по́мощью кото́рого царю́ удало́сь вы́рвать с ко́рнем все оста́тки уде́льных поря́дков и сломи́ть сопротивле́ние боя́р самодержа́вию. Но опри́чнина име́ла и други́е после́дствия. Зре́лище крова́вых и жесто́ких распра́в опри́чников со свои́ми же́ртвами уси́ливало среди́ крестья́н недово́льство, страх и жела́ние бежа́ть за преде́лы моско́вского госуда́рства. К концу́ ца́рствования Ива́на Гро́зного недоста́ток рабо́чих рук и коли́чество необрабо́танных поле́й продолжа́ли расти́ и экономи́ческий кри́зис страны́ дости́г угрожа́ющих разме́ров.

# 11

смутный troubled (also: confused, vague)

отличаться to be distinguished

отличиться (perf.)

погасать to expire, go out

погаснуть (perf.)

отрешение renunciation

выборный elected

недоразумение misunderstanding

следователь (m.) investigator

потрясённый shaken

самозванец pretender

заговор conspiracy

избавиться to get rid of

perf. of: избавляться

создать to create

perf. of: создавать

свергнуть to dethrone

perf. of: свергать

восстание uprising

обязанность (f.) duty

вмешиваться to interfere

вмешаться (perf.)

брожение ferment

погибнуть to perish

perf. of: погибать

кровопролитие bloodshed

## СМУТНОЕ ВРЕМЯ
### (1598–1613)

Иван Грозный умер в начале 1584 года. Года за полтора до своей кончины, поссорясь со своим старшим сыном Иваном, Грозный так сильно ударил его, что убил его на смерть. Поэтому престол после Грозного перешёл к его второму сыну Фёдору. Фёдору предстояло стать последним царём из династии Рюриковичей и из племени Ивана Калиты. После Грозного остался ещё один, младший, сын Димитрий, которому отец дал маленький удел, город Углич с уездом. Но в 1591 году, семилетний Димитрий умер от раны, нанесённой ножом в горло во время игры его на дворе Углического дворца.

Пле́мя Ива́на Калиты́, постро́ившее моско́вское госуда́рство, всегда́ отлича́лось удиви́тельным практи́ческим уме́нием обраба́тывать свои́ материа́льные дела́, всегда́ забо́тилось о земно́м, и э́то са́мое пле́мя, погаса́я, блесну́ло по́лным отрече́нием от всего́ земно́го, вы́мерло царём Фёдором Ива́новичем, кото́рый всю жизнь ду́мал то́лько о небе́сном, о духо́вных дела́х. Роди́вшись слабоси́льным, он вы́рос малоро́слым, бле́дным, худоща́вым челове́ком, с неро́вной, ста́рчески ме́дленной похо́дкой от преждевре́менной сла́бости в нога́х. Он ве́чно улыба́лся, но безжи́зненной, жа́лкой улы́бкой. На престо́ле он иска́л челове́ка, кото́рый стал бы хозя́ином его́ во́ли. Таки́м челове́ком стал Бори́с Годуно́в. Царь Фёдор был жена́т на сестре́ Годуно́ва, Ири́не. Бори́с стал пра́вить госуда́рством и́менем зя́тя. Он пра́вил у́мно и 14 ле́тнее ца́рствование Фёдора бы́ло для госуда́рства вре́менем о́тдыха. Но в январе́ 1598 го́да царь Фёдор у́мер безде́тным. По́сле него́ не оста́лось никого́ из Кали́тиной дина́стии, кто бы мог заня́ть опусте́вший престо́л. В моско́вском госуда́рстве начало́сь Сму́тное вре́мя. Око́нчилось оно́ со вступле́нием на престо́л царя́ Михаи́ла Фёдоровича Рома́нова в 1613 году́. За э́ти 15 лет моско́вская жизнь была́ полна́ борьбо́й разли́чных обще́ственных и полити́ческих сил.

По́сле сме́рти царя́ Фёдора на престо́л вступи́л Бори́с Годуно́в. Но моско́вские лю́ди не могли́ приня́ть мысль о вы́борном царе́. Ду́мали, что вы́борный царь—не царь. Э́то недоразуме́ние в моско́вском полити́ческом созна́нии явля́ется гла́вной причи́ной нача́ла Сму́ты. Лю́ди смотре́ли на госуда́рство не как на сою́з наро́дный, кото́рый не мо́жет принадлежа́ть никому́ кро́ме самого́ наро́да, а как на ли́чное владе́ние и хозя́йство ца́рской дина́стии, как на семе́йную со́бственность Кали́тина пле́мени, кото́рое её созда́ло и расшира́ло в продолже́ние трёх веко́в.

Пе́рвые го́ды Сму́ты, от 1598 до 1606 го́да, бы́ли пери́одом династи́ческой борьбы́. Предме́том борьбы́ слу́жит моско́вский престо́л. Сле́дователи траги́чной сме́рти царе́вича Дими́трия в 1591 году́ призна́ли, что царе́вич поги́б от неча́янного самоуби́йства. Но по́сле избра́ния Бори́са Годуно́ва царём, по Москве́ пошли́ слу́хи и молва́, что Годуно́в подослал убийц к царевичу, чтобы проложить себе дорогу к престолу, а в 1604 году разнеслась весть, что агенты Годунова промахнулись в Угличе, что царевич Димитрий жив и идёт из Литвы добывать престол.

Царь Борис Годунов умер весной 1605 года, потрясённый успехами самозванца. Самозванцу Димитрию удалось встать на московский престол, но он вскоре был убит. Его падение было подготовлено заговором бояр, во главе которого стоял князь Василий Шуйский. На собрании заговорщиков накануне восстания, он откровенно заявил, что признал самозванца только для того, чтобы избавиться от Годунова. Большим боярам нужно было поддержать самозванца, чтобы свергнуть Годунова, а потом свергнуть и самозванца, чтобы открыть дорогу к престолу одному из своей среды.

После самозванца на престол вступил Василий Шуйский. Это был пожилой, 54летний боярин небольшого роста, слеповатый, неглупый, но более хитрый чем умный. Царём Василием мало кто был доволен. Главной причиной недовольства была его зависимость от кружка бояр, его избравших и игравших им, как ребёнком. Недовольны царём —значит надобен самозванец: Самозванство становилось стереотипной формой русского политического мышления, в которую отливалось всякое общественное недовольство. И слухи о спасении Лжедимитрия Первого, т. е. о втором самозванце, пошли с первых минут царствования Василия. Во имя этого призрака начались восстания с 1606 года. Движением восставших руководят уже не династические мотивы, а мотивы классовой вражды. На вершину общества восстают общественные низы в надежде на политический и социальный переворот. Это открытое междоусобие продолжается с 1606 до 1610 года и может быть названо временем социальной борьбы.

За это время вскрывается вторая основная причина Смуты. Московские законы распределяли государственные обязанности среди классов общества, но не определяли прав—ни личных, ни классовых. Положение лица или класса определялось лишь его обязанностями. Династия служила венцом в своде государственного здания. С её исчезновением разрывался узел, которым сдерживались все общественные отношения. Что прежде терпеливо переносили, покоряясь воле привычного хозяина, то казалось невыносимым теперь, когда хозяина не стало. Все классы общества поднялись со своими особыми нуждами и стремлениями, чтобы облегчить своё положение в государстве.

В то время, когда царь Василий боролся против народных восстаний, в московское междоусобие начинают вмешиваться иностранцы. Новгородская и смоленская окраины государства переходят под власть шведов и поляков, а в самой Москве, после свержения царя Василия в 1610 году, водворяется польский королевич Владислав на престол. Вмешательство иностранцев возбуждает в русских национальное чувство и направляет против инородных врагов все слои московского населения. С 1611 года начинается объединение всех народных сил и попытки свержения чуждой власти. Этот период Смуты, от 1611 до 1613 года, может быть назван временем борьбы за национальность.

Осенью 1612 года эта борьба окончилась успешно. Русские войска, под руководством князя Пожарского и мясника Минина, освободили Москву от поляков. Но Смута окончательно прекратилась только в 1613 году, когда удалось найти царя, которого можно было связать родством, хотя и не прямым, с династией Рюриковичей. Царь Михаил Романов был племянником последнего царя прежней династии. Первая жена Ивана Грозного была Анастасия Романова, сестра деда Михаила.

Смута внесла в московскую жизнь социальные перемены и культурные новшества. В Смуте окончательно погибла вековая московская, боярская, аристократия. Те немногие боярские роды, которые не вымерли во время опричнины и Смуты, в 17 веке обеднели и вошли в состав дворянства. Смута не изменила общественного строя Москвы, но она переместила в нём центр тяжести с боярства на дворянство. Произошла смена господствующего класса, и новый господствующий класс сохранил на будущее время за собой и право на крестьянский труд и право на придворную карьеру.

Культурная перемена, созданная Смутой состояла в более близком знакомстве русских с иностранцами. До Смуты только царский двор и случайно отдельные лица соприкасались с иностранцами и видели их в Москве. В Смутное время соприкосновение с иностранцами у москвичей стало постоянным и общим. За первым самозванцем в Москву явились сотни, даже тысячи, поляков и шведов, военных, торговых и промышленных. Русские люди убедились в том, что им следует усвоить европейскую технику. Кроме того, они увидели, что европейцы умеют веселее жить. Европейский костюм, бритьё бороды, музыка, предметы домашней обстановки начинают входить в московскую жизнь вместе с латинской и польской книгой, религиозным вольнодумством и политической идеей. В 17 веке в Москве идёт умственное брожение, несущее с собой начало той европеизации Руси, которая так широко шагнула вперёд при Петре Великом.

Смута оставила глубокий след в памяти русского народа. Когда, в 19 веке, расцвело светское искусство в России, Смутное время послужило сюжетом для многочисленных художественных произведений. Преддверье Смуты изобразил художник Илья Репин в своей картине ссоры Ивана Грозного с царевичем Иваном: Грозный, с обезумевшим от отчаяния и ужаса выражением лица, прижимает тело умирающего сына, которому он сгоряча нанёс смертельный удар. Конец Смуты приблизился после народного объединения против иностранного вмешательства. Вождям этого объединения, Минину и Пожарскому, посвящён памятник работы И. П. Мартоса на Красной площади в Москве. Но весь пафос этих бурных 15 лет—кровопролитие, восстания, бои, убийства, пожары, личные трагедии и общественные столкновения—полнее всего изображены в двух музыкальных произведениях—в операх "Борис Годунов" Мусоргского и "Жизнь за царя" Глинки.

# 12

полома́ть  to break, demolish
perf. of: лома́ть
отста́лость (f.)  backward-
ness
превосхо́дство  superiority
оборо́на  defense
ро́скошь (f.)  luxury
разду́мье  hesitation, ponder-
ing
соблазня́ть  to tempt
соблазни́ть (perf.)
госуда́рь (m.)  sovereign
гра́мотность  literacy
сомне́ние  doubt
быт  way of life
сопе́рник  competitor, rival

отшатну́ться  to shy away
perf. of: отша́тываться
служи́ть  to serve
послужи́ть (perf.)
лиши́ть  to deprive
perf. of: лиша́ть
седло́  saddle
ла́вка  shop
ли́чность (f.)  personality,
individual
прикрепле́ние  attachment,
confinement
уложе́ние  code, law
поколеба́ть  to shake, disturb
perf. of: колеба́ть
раздвое́ние  split

## СЕМНА́ДЦАТЫЙ ВЕК И ЕГО́ ПРОТИВОРЕ́ЧИЯ

Сму́та так мно́го полома́ла ста́рого, что са́мое восстанов-
ле́ние разру́шенного неизбе́жно получа́ло хара́ктер обнов-
ле́ния. Семна́дцатый век—эпо́ха перело́ма в ру́сской
жи́зни и культу́ре. Два противополо́жных тече́ния волну́ют
ру́сское о́бщество. Одно́ отта́лкивает его́ к старине́, а
друго́е увлека́ет вперёд, в тёмную даль неве́домой чужби́ны.
    Ру́сские лю́ди начина́ют огля́дываться по сторона́м,
иска́ть указа́ний и уро́ков у чужи́х люде́й на За́паде, всё
бо́лее убежда́ясь в его́ превосхо́дстве и в свое́й со́бственной
отста́лости. Моско́вское прави́тельство и о́бщество осо́бенно
си́льно почу́вствовали нужду́ в вое́нной и промы́шленной
те́хнике За́падной Евро́пы. Уси́ленный спрос привлёк в

Москву множество иностранных техников, офицеров и солдат, врачей, мастеровых, купцов и заводчиков. Они основали иностранное поселение на восточной окраине Москвы, которое получило название Немецкой слободы. В составе её населения были представлены почти все европейские нации—французы, англичане, шведы, голландцы, итальянцы, немцы. В социальном отношении численный перевес оказался на стороне военного элемента.

Немецкая слобода скоро разрослась в значительный городок с прямыми, широкими улицами и переулками, с красивыми домами, ветренной мельницей и тремя лютеранскими церквами. Это был уголок Западной Европы, приютившийся на окраине Москвы. Это иностранное поселение и стало проводником западноевропейской культуры на Руси. Офицеры, купцы и мастера, которых правительство выписывало для внешней обороны и для внутренних экономических надобностей, вместе со своей военной и промышленной техникой приносили в Москву и западноевропейские удобства, предметы роскоши и увеселения.

Подражая иностранным образцам, царь и верхи московского общества начинают выезжать в нарядных немецких каретах, обшитых бархатом, с хрустальными стёклами, украшенных живописью. Богатые люди начинают строить каменные дома на место плохих деревянных, заводят домашнюю обстановку на иностранный лад, обивают стены золотыми кожанными обоями бельгийской работы, украшают комнаты картинами, зеркалами и часами. При дворе и в высшем кругу развивается страсть к театральным зрелищам и к балету.

В высших московских кругах также пробуждается интерес к научному образованию, к книжному знанию, охота к размышлению о таких предметах, которые раньше не входили в обычный кругозор русского человека. В Москве пытаются завести школы и правительство и частные лица.

Едва московское общество отведало плодов западной культуры и науки, как им уже начинает овладевать тяжёлое раздумье, безопасны ли они, не повредят ли чистоте веры и нравов. Это раздумье—второй момент в настроении русских умов 17 века, наступивший вслед за недовольством своим положением.

Раньше наука и искусство ценились по их связи с церковью, как средства познания слова Божья и душевного спасения. Знанию и художественным украшениям жизни, не имевшим такой связи и такого значения, не давали места в системе воспитания. Церковь молчаливо их терпела, как детские игры, а порой порицала, как опасное развлечение. Увеселения были подчинены правилам церковного порядка. У того, кто хотел быть или казаться благочестивым, церковное пение было единственным развлечением. Музыка преследовалась церковью положительно, даже народные песни. Однако, русский народ постоянно соблазнялся запрещёнными плодами.

Главное внимание педагогии в московском воспитании было обращено на правила, как следует жить по христиански, а не на научные знания. Настоящий народный учитель в московской Руси—это был хозяин дома, отец семейства. Хозяин считал в составе своей семьи, своего дома, не только свою жену и детей, но и всех живших в его доме родственников и слуг, зависимых от него людей, с семействами тех и других. Это было его домашнее царство. Здесь он был не только муж и отец, но и прямо назывался государем.

Этот домовой государь и был домашним учителем, его дом был его школой. Ребёнок должен был воспитываться не столько уроками, которые он слушал, сколько той нравственной атмосферой, которой он дышал. Грамотность не входила в состав общего воспитания. Она причислялась к техническим промыслам и нужна была только в нескольких служебных должностях. Не тот считался мудрым человеком, кто имел обширные знания, а тот, кто делал много добра.

При таких взглядах на воспитание московское общество 17 века не могло не почувствовать тревожные сомнения, безопасно ли знакомство с западной наукой и культурой для вековых устоев русского быта? Европейская наука и культура приходили в Россию как бы соперницей или в лучшем случае сотрудницей церкви в деле устроения человеческого счастья. И московская мысль, опутанная преданиями и традициями, могла только испуганно отшатнуться от такой сотрудницы или соперницы.

Таким образом, в 17 веке западное влияние проникало в Россию медленно и подействовало лишь на верхи московского государства. За исключением этого тонкого социального слоя, всё общество сверху донизу продолжало находиться под влиянием понятий и традиций, сложившихся в предыдущих двух столетиях. На Руси жить значило служить государству. Классы общества различались друг от друга не по своим правам и привилегиям, а по роду своей службы, по содержанию своих повинностей. Все одинаково являлись рабами государства.

Даже знатные люди не так были богаты, как это казалось. Волей царя они всегда могли лишиться своего имущества. Интерес государства или царя поглощал все интересы. Крестьянин был обязан работать на дворянина и платить подати, а дворянин был обязан нести военную службу. Эта служба продолжалась до самой смерти. Ни старость, ни раны не освобождали вполне служилого человека от возложенных на него государственных обязательств. При этом, ни род, ни место службы не зависели от свободного выбора дворянина. Каждый служил там и так, как ему было предписано свыше.

Служба купцов заключалась в обязательном ведении торгово-промышленных предприятий. Как дворянин был пригвождён на всю жизнь к походному седлу, так купец был пригвождён к городской лавке, в которой он обязан был всю жизнь торговать для того, чтобы платить государству подати.

Неуважение к человеческой личности становилось самым обыкновенным приёмом в административной практике московского государства. К середине 17 века оно привело правительство к окончательному прикреплению крестьян к обрабатываемой ими земле. Так как не служить государству можно было только незаконно укрываясь, то крестьяне всё больше прибегали к бегству в южные степи, ещё не вошедшие в территориальный состав Москвы. Уложение 1649 года дало дворянам право искать и силой возвращать бежавших от них крестьян и их потомков. Крестьяне теперь окончательно теряли право передвижения с места на место и тем самым лишались последних следов личной свободы.

Крепостное право установилось в московском государстве не столько в интересах дворян, сколько в интересах государства, для того, чтобы укрепить обязанность крестьян платить в казну деньги. В этом состоит главная черта, отличающая русское крепостное право от западноевропейского. В Западной Европе прикрепление крестьян к земле развилось в средние века, на территории политически раздробленного, феодального порядка. В России оно произошло значительно позднее, но зато сложилось в пределах обширного, национального государства.

Начала западного влияния на Россию шли из Немецкой слободы. Корни старого московского порядка исходили из Кремля. Тут жил царь, который продолжал считать государство своей личной собственностью и власти которого не было границ.

В 17 веке значительную часть Кремля занимало здание дворца, громадное, причудливое строение, состоящее из бесчисленного количества палат, теремов и разного рода хозяйственных построек, крупных и мелких, каменных и деревянных, в хаотическом беспорядке примыкавших друг к другу и сплетавшихся в лабиринт, который нарастал в течение двух столетий. Кремль кишел людьми—придворными, дворцовыми служителями, ремесленниками, мастерами разного рода и многочисленными посетителями. Дворцовое хозяйство было огромной и сложной машиной, для обслуживания которой нужны были многочисленные рабочие, составляющие обширную группу населения Москвы.

Немецкая слобода указывала России дорогу на запад, Кремль стремился держать её под своей традиционной, неограниченной властью. Столкновение этих двух противоположных течений поколебало прежнее единство русской культуры и русского общества. С 17 века начинаются раздвоение и разлад в духовной, социальной и умственной жизни русского народа, наложившие свою печать на последующие столетия.

# 13

раско́л  schism
раско́льник  dissenter
обря́д  ritual
сло́жный  complicated
сме́лый  bold
па́рус  sail
предприя́тие  undertaking
восстановле́ние  restoration
исправле́ние  correction
отступле́ние  digression (also:
  retreat)
пресле́довать  to persecute
пресле́дование  persecution
ссы́лка  exile
пы́тка  torture

казнь (f.)  execution
искажа́ть  to distort
  искази́ть (perf.)
мозг  brain
тре́звый  sober
скопля́ть  to accumulate,
  save
  скопи́ть (perf.)
сохрани́ть  to preserve, save
  perf. of: сохраня́ть
лад  way, fashion
хлам  rubbish
подва́л  cellar
черда́к  attic

## ЦЕРКО́ВНЫЙ РАСКО́Л

Ру́сским церко́вным раско́лом называ́ется отделе́ние зна-
чи́тельной ча́сти ру́сского о́бщества от пра́вящей право-
сла́вной це́ркви. Раско́льники принадлежа́ли, гла́вным
о́бразом, к ни́зшим кла́ссам населе́ния.

Э́то разделе́ние начало́сь во второ́й полови́не 17 ве́ка
всле́дствие церко́вных рефо́рм патриа́рха Ни́кона и про-
должа́ло расти́ и кре́пнуть в после́дующие два столе́тия.
К концу́ 19 ве́ка в Росси́и бы́ло, по расчётам изуча́ющих
э́тот вопро́с люде́й, до двадцати́ миллио́нов раско́льников.
Э́ти диссиде́нты отка́зывались признава́ть авторите́т цер-
ко́вного правле́ния и приде́рживались "ста́рой ве́ры,"
ста́рых обря́дов, существова́вших до рефо́рм Ни́кона. По-

э́тому раско́льников та́кже называ́ют старове́рами и́ли старообря́дцами.

Патриа́рх Ни́кон был челове́к вели́чественной нару́жности, высо́кий, го́рдый, прекра́сно говори́вший, но с сло́жным, неро́вным хара́ктером. В ежедне́вной жи́зни он был тяжёл, капри́зен, вспы́льчив и самолюби́в. По свои́м у́мственным и нра́вственным си́лам он был большо́й деле́ц, жела́вший и спосо́бный де́лать больши́е дела́, но то́лько больши́е. От поко́я он скуча́л, не уме́л терпели́во выжида́ть. Ему́ постоя́нно нужна́ была́ трево́га, увлече́ние сме́лой мы́слью и́ли широ́ким предприя́тием. Э́то был сло́вно па́рус, кото́рый то́лько в бу́рю быва́ет сами́м собо́й, а в ти́хую, безве́тренную пого́ду виси́т на ма́чте как бесполе́зная тря́пка.

Ни́кон увлека́лся сме́лой, и для Росси́и но́вой мы́слью, что патриа́рх стои́т вы́ше царя́, что духове́нство вы́ше госуда́рственной вла́сти. А широ́кое предприя́тие, кото́рым он заня́лся со сво́йственной ему́ эне́ргией, э́то бы́ло восстановле́ние по́лного согла́сия ме́жду ру́сской це́рковью и гре́ческой. Он хоте́л восстанови́ть сноше́ния, кото́рые со времён паде́ния Ки́ева значи́тельно сократи́лись. С э́той це́лью Ни́кон предприня́л исправле́ние ру́сских церко́вных обря́дов и книг. В тече́ние веко́в э́ти кни́ги перепи́сывались от руки́ и в них вошло́ не ма́ло оши́бок и отступле́ний от гре́ческих исто́чников.

Но Ни́кон пло́хо понима́л люде́й, с кото́рыми ему́ приходи́лось счита́ться. На Руси́ духове́нство никогда́ не ста́вило себя́ вы́ше царя́ и́ли кня́зя, не иска́ло све́тской вла́сти. Поэ́тому, иде́я о превосхо́дстве патриа́ршеской вла́сти над ца́рской не нашла́ себе́ сочу́вствия среди́ ру́сских и привела́, в конце́ концо́в, к паде́нию и удале́нию Ни́кона.

Предприня́тое Ни́коном согла́сие ме́жду ру́сской це́рковью и гре́ческой та́кже пострада́ло от ре́зкого, вла́стного отноше́ния патриа́рха к лю́дям. Ни́кон сли́шком ни́зко оцени́л пе́рвых проти́вников исправле́ния церко́вных обря́дов и книг. Мечта́я о сближе́нии ру́сской и гре́ческой церква́х, он вы́звал разъедине́ние в са́мой ру́сской це́ркви.

Несмотря́ на ли́чную неуда́чу Ни́кона, на́чатые им измене́ния в церко́вной слу́жбе и кни́ге продолжа́лись и по́сле его падения. Правительство одобряло эту реформу, так как в то время оно начинало искать более близких сношений с чужими странами во всех сферах русской жизни.

Таким образом раскольники восставали не только против церковной власти, но также против государственной. А со своей стороны, правительство жестоко преследовало и наказывало староверов как опасных для государства бунтовщиков. Но ссылки, пытки и смертная казнь, которыми старообрядцы нередко платили за свои убеждения, только подливали масла к огню, только способствовали росту и расширению раскола.

Протест раскольников выходил далеко за пределы религиозных вопросов. К староверам бежали все восстающие против существующего порядка вещей. В раскол шёл тот, кто хотел укрыться от крепостной зависимости, кто искал личной свободы, кто вспоминал о старинных традициях свободной и богатой жизни Киевской Руси.

Раскол был явление новой, а не старой жизни. Главное в расколе было не сохранение старины, старых церковных обрядов, а построение новой жизни, основанной на учении Христа. По мнению раскольников, реформы Никона и политика Москвы исказили христианское учение, построили царство Анти-Христа, от которого нужно было бежать. Со временем, раскол разбился на множество разных сект, но центральной идеей у всех оставалось убеждение, что мир во власти Анти-Христа.

Старая вера клала на своих последователей не только религиозные обязанности, но требовала согласовать всю жизнь—семейную, общественную и хозяйственную—с требованиями христианства. Раскольник считал собственную совесть судьёй своих действий. В своих строгих требованиях к человеческой личности раскол имеет много общего с европейским протестантизмом и американским пуританизмом.

Раскольники превратились в религиозную народную интеллигенцию. Раскол расшевелил спавший мозг русского человека, заставил его думать о своей вере. Священники и монахи стали рассуждать об обрядах и их значении именно потому, что правительство хотело их заставить де́лать ина́че, а не так, как они́ привы́кли пре́жде де́лать. Оди́н из ра́нних защи́тников ста́рой ве́ры, протопо́п Авваку́м, счита́ется не то́лько кру́пным духо́вным вождём раско́ла, но и велича́йшим писа́телем своего́ вре́мени.

В моско́вском госуда́рстве госпо́дствовало отсу́тствие мы́сли и стро́гое подчине́ние вла́сти; раско́льник люби́л мы́слить, спо́рить, охо́тно учи́лся гра́моте. Церко́вная сфе́ра была́ для него́ у́мственной гимна́стикой. В ней он получа́л подгото́вку к тому́, что́бы име́ть возмо́жность уда́чно обрати́ться и к други́м сфе́рам жи́зни. Старове́ры, несмотря́ на пресле́дования, не то́лько не бедне́ли, но наоборо́т постоя́нно собира́ли в свои́ ру́ки значи́тельные бога́тства.

Тре́звые, трудолюби́вые, че́стные, осторо́жные в дела́х свои́х, раско́льники постепе́нно скопля́ли бога́тства и уме́ли сохраня́ть их в свои́х се́мьях. Остава́ясь в своём те́сном кругу́, они́ помога́ли во всём друг дру́гу, вели́ торго́во-промы́шленные дела́ вме́сте и вся́чески подде́рживали друг дру́га. В свой круг, недосту́пный для посторо́ннего богача́, они́ охо́тно принима́ли вся́кого бедняка́, лишь бы он остава́лся и́ли станови́лся ве́рным ста́рой ве́ре.

До второ́й полови́ны 18 ве́ка жесто́кие пресле́дования раско́льников заставля́ли их сели́ться на окра́инах госуда́рства и́ли да́же бежа́ть заграни́цу. В заво́лжских леса́х выраста́ли бога́тые раско́льничие о́бщины и селе́ния. К концу́ 18 ве́ка, при Екатери́не Второ́й, отноше́ния прави́тельства к раско́льникам смягчи́лось, что дало́ им возмо́жность верну́ться в центра́льные о́бласти страны́. В нача́ле 19 ве́ка раско́льники завели́ мно́жество фа́брик и торго́вых предприя́тий в само́й Москве́ и в её окре́стностях, и составля́ли богате́йший слой ру́сского купе́чества. В э́то же вре́мя ста́рая ве́ра продолжа́ла распространя́ться. Пропага́нда её происходи́ла не то́лько в раско́льничих церква́х и монастыря́х, но и на фа́бриках и в магази́нах. Про́поведь раско́ла де́йствовала не то́лько на се́рдце, но и на карма́н после́дователей.

Раско́льники сыгра́ли кру́пную роль в сохране́нии це́нных па́мятников дре́вней ру́сской культу́ры. Когда́ дворя́нство на́чало увлека́ться европе́йской культу́рой и жить на европе́йский лад—а э́то начало́сь при Петре́ Вели́ком и усили́лось к концу́ 18 ве́ка—стари́нная ру́сская обстано́вка, ру́кописи и осо́бенно дре́вние ико́ны, попада́ли в ви́де ста́рого хла́ма в подва́лы и чердаки́ дворя́нских домо́в. Отсю́да их спаса́ли и покупа́ли раско́льники. Сохране́нием э́того це́нного материа́ла старове́ры оказа́ли неоцени́мую услу́гу ру́сской исто́рии и культу́ре. Без них мно́гое бы бесследно пропа́ло.

# 14

велика́н  giant
мозо́ль (f.)  callus
отвлечённый  abstract
подро́бность  detail
принужде́ние  force, compulsion
ору́дие  tool
промы́шленность (f.)  industry
опира́ться  to lean on
опере́ться (perf.)
почётный  honorary
поворо́т  turn, change

переворо́т  upheaval
преобразова́ние  reform
отменя́ть  to abolish
отмени́ть (perf.)
заменя́ть  to replace
замени́ть (perf.)
нало́г  tax
пожи́зненный  for life
поко́йник  deceased
киби́тка  covered wagon
щади́ть  to spare
пощади́ть (perf.)
сопротивле́ние  resistance

## ПЁТР ВЕЛИ́КИЙ И ЕГО́ ВРЕ́МЯ

Лю́ди всех поколе́ний и ра́зных взгля́дов в оце́нках ли́чности и де́ятельности Петра́ сходи́лись в одно́м: его́ счита́ли си́лой. Никто́ не счита́л его́ ничто́жным челове́ком, никто́ не сомнева́лся в грома́дном его́ влия́нии на ход наро́дной жи́зни.

Пётр был велика́н, почти́ семи́ фу́тов ро́стом, це́лой голово́й вы́ше любо́й толпы́, среди́ кото́рой ему́ приходи́лось когда́-либо стоя́ть. Он про́жил свою́ жизнь в постоя́нной физи́ческой де́ятельности. Ру́ки его́ бы́ли всегда́ в рабо́те и с них не сходи́ли мозо́ли. Он ве́чно куда́-то е́хал, во всём спеши́л и был го́стем у себя́ до́ма.

Он хоте́л узна́ть и усво́ить вся́кое но́вое ремесло́ и де́ло, пре́жде чем успева́л сообрази́ть, на что оно́ ему́ пона́добится. Он был как до́ма в любо́й мастерско́й, на како́й угодно фабрике. Но выше всего он ставил корабельное мастерство. Современники считали его лучшим корабельным мастером в России. Из него, родившегося в континентальной Москве, вышел настоящий моряк, которому морской воздух нужен был, как вода рыбе.

Но Пётр не был охотник до отвлечённых, общих соображений. Во всяком деле ему легче давались подробности работы, чем её общий план. Он лучше соображал средства и цели, чем следствия. Во всём он был больше делец, мастер, чем мыслитель. Несчастье Петра было в том, что он остался без всякого политического сознания, с одним смутным ощущением, что у его власти нет границ, а есть только опасности. Вся его деятельность была основана на мысли о необходимости и пользе властного принуждения. Он надеялся силой навязать народу недостающие ему блага. Потому, заботясь о народе, он до крайности напрягал его труд, тратил людские средства и жизни безрасчётно, без всякой бережливости.

По направлению своей деятельности Пётр больше привык обращаться с вещами, с рабочими орудиями, чем с людьми, а потому и с людьми обращался, как с рабочими орудиями. Пётр был великий хозяин, царь мастеровой, всего лучше понимавший экономические интересы России и искавший источники государственного богатства.

Реформа, совершённая Петром Великим не имела своей прямой целью перестраивать ни политического, ни общественного, ни нравственного порядка, а ограничивалась стремлением вооружить русское государство и народ готовыми западноевропейскими средствами, умственными и материальными. Пётр заводил в России то, что он видел полезного на западе и чего не было в России.

У России не было регулярной армии—он сформировал её. Не было флота—он построил его. Не было удобного морского пути для внешней торговли—он армией и флотом отвоевал восточный берег Балтийского моря от Швеции. Была слаба промышленность—после него осталось более двухсот фабрик и заводов. Для всего этого необходимо было техническое знание—заведены были школы, училища и академия. И призывались западные европейцы, чтобы

рабо́тать и учи́ть рабо́те ру́сских в о́бласти вое́нной, эконо-
ми́ческой, фина́нсовой и администрати́вной те́хники.

При Петре́ о́бщество оде́лось в но́вые, европе́йские
пла́тья, заговори́ло други́м языко́м, получи́ло но́вые уч-
режде́ния, но по пре́жнему оста́лось све́рху до́низу закре-
пощённым. Вое́нная, боева́я жизнь ру́сского госуда́рства
не то́лько не прекрати́лась, но обостри́лась ещё бо́лее. Ведь
всё вре́мя ца́рствования Петра́, це́лых 20 лет подря́д,
кипе́ла грандио́зная борьба́ со Шве́цией. Э́та борьба́ на-
прягла́ до кра́йней сте́пени боевы́е и платёжные си́лы
наро́да. И Пётр не то́лько не осла́бил, но ещё бо́лее уве-
ли́чил тя́гости, нало́женные госуда́рством на о́бщество. Со
времён Петра́, для всех кла́ссов тя́гость госуда́рственных
пови́нностей была́ удво́ена: ка́ждый класс по пре́жнему
нёс свою́ специа́льную пови́нность, и сверх того́ на все
кла́ссы без разли́чия была́ поло́жена ещё всео́бщая пови́н-
ность, вое́нная слу́жба в регуля́рной а́рмии.

В свое́й реформа́торской рабо́те Пётр опира́лся гла́вным
о́бразом на дворя́нство. Но э́тот класс был ма́ло подгото́влен
проводи́ть како́е-либо культу́рное влия́ние. В у́мственном
и нра́вственном разви́тии дворя́нство не стоя́ло вы́ше ос-
тально́й наро́дной ма́ссы. Ну́жно бы́ло распространи́ть
среди́ дворя́н зна́ния, повы́сить их культу́ру. Пётр хоте́л,
что́бы дворя́нство счита́ло госуда́рственную слу́жбу свои́м
почётным пра́вом и до́лгом. Поэ́тому, де́ятельность Петра́
вела́, с одно́й стороны́, к возвыше́нию дворя́нства. По-
ме́стья, зе́мли, кото́рыми по́льзовались дворя́не, перешли́
в их по́лную насле́дственную со́бственность. За выдаю́щую-
ся слу́жбу Пётр раздава́л щедрые пода́рки и аристокра-
ти́ческие ти́тулы кня́зя, гра́фа и баро́на.

Но вме́сте с тем, Пётр тре́бовал от дворя́нства напря-
жённой слу́жбы, тяжёлой, неви́данной ра́ньше в моско́в-
ской Руси́. С пятна́дцати лет дворяни́н до́лжен был идти́
на слу́жбу. Две тре́ти дворя́нства шли на слу́жбу в а́рмию
и флот, а одна́ треть поступа́ла на гражда́нскую слу́жбу.
Допетро́вское прави́тельство счита́лось с служи́лым че-
лове́ком лишь с того́ моме́нта, когда́ он станови́лся чле́ном
боево́й си́лы. Тепе́рь, при Петре́, прави́тельственный ука́з
сторожи́т молодо́го дворяни́на у са́мой колыбе́ли, втор-

га́ется в его́ уче́бную ко́мнату, укла́дывает в определённые ра́мки не то́лько его́ служе́бный труд, но и все направле́ния его́ у́мственной жи́зни. Уче́бная подгото́вка ста́ла обяза́тельной. Для обуче́ния ру́сские дворя́не ма́ссами посыла́лись за грани́цу и должны́ бы́ли держа́ть стро́гие экза́мены по возвраще́нию в Росси́ю.

Европеиза́ция, проведённая петро́вской рефо́рмой каса́лась, гла́вным о́бразом, дворя́нства. Но новизна́ де́ятельности Петра́ состоя́ла не то́лько в за́падничестве, но и в секуляриза́ции, в раско́ле ме́жду прави́тельством и це́рковью. И́менно в э́том рефо́рма Петра́ была́ не то́лько поворо́том, но и переворо́том. Ви́дя недружелю́бное отноше́ние к свои́м преобразова́ниям со стороны́ духове́нства, Пётр отмени́л патриа́ршество и замени́л его́ Сино́дом, т. е. госуда́рственным о́рганом управле́ния це́рковью. Пётр тре́бовал от це́ркви по́лного повинове́ния и подчине́ния, отрица́я незави́симость церко́вных прав. Духове́нство превраща́ется в своеобра́зный служи́лый класс, стано́вится запу́ганным сосло́вием. Отча́сти оно́ опуска́ется и́ли оттесня́ется в социа́льные низы́. А на верха́х церко́вной иера́рхии надо́лго устана́вливается двусмы́сленное молча́ние.

Несмотря́ на свою́ реформа́торскую рабо́ту, Пётр не успе́л сбро́сить с себя́ до́чиста древнеру́сского челове́ка с его́ нра́вами и поня́тиями, да́же тогда́, когда́ воева́л с ни́ми. У за́пада Пётр взял иде́и для устро́йства вое́нных сил, госуда́рственного и наро́дного хозя́йства, прави́тельственных и церко́вных учрежде́ний. Но из ста́рой Руси́ Пётр сохрани́л иде́ю о свое́й неограни́ченной вла́сти и об обяза́тельной слу́жбе ка́ждого лица́ и кла́сса госуда́рству.

Э́та после́дняя иде́я сказа́лась осо́бенно ре́зко в отноше́нии Петра́ к ни́зшим кла́ссам населе́ния, кото́рые он отяготи́л но́выми нало́гами и но́выми спо́собами принужде́ния. Ряды́ регуля́рной а́рмии Петра́ пополня́лись рекру́тами, кото́рых крестья́нство и купе́чество бы́ли обя́заны доставля́ть прави́тельству в ука́занном коли́честве. Солда́тская слу́жба была́ пожи́зненной. Провожа́я рекру́та, роди́тели, жёны и де́ти пла́кали как по поко́йнику. Созда́лся да́же осо́бый вид наро́дного э́поса, "рекру́тские пла́чи.''

Дере́вня не то́лько поставля́ла солда́т, но и рабо́чию си́лу для промы́шленности. Пётр со́здал но́вую фо́рму нево́льного, промы́шленного труда́. Крестья́не, ра́нее прикреплённые к земле́, перевози́лись на фа́брику и́ли заво́д и не име́ли пра́ва покида́ть э́ти предприя́тия. Фа́брика и заво́д при Петре́ не́ были вполне́ ча́стными предприя́тиями, а получи́ли хара́ктер госуда́рственных опера́ций, кото́рые прави́тельство вело́ че́рез своего́ обяза́тельного аге́нта—купца́ и́ли фабрика́нта.

Пра́вя госуда́рством из похо́дной киби́тки и с почто́вой ста́нции, Пётр ду́мал то́лько о дела́х, а не о лю́дях. Ему́ приходи́лось рабо́тать спе́шно и принуди́тельно, среди́ упо́рной и опа́сной вне́шней войны́ со Шве́цией за Балти́йское побере́жье, и при э́том боро́ться с наро́дной апа́тией и отста́лостью, разви́вшихся в допетро́вской, моско́вской Руси́.

Поэ́тому рефо́рма, скро́мная и ограни́ченная по своему́ первонача́льному пла́ну, постепе́нно преврати́лась в упо́рную вну́треннюю борьбу́, взволнова́вшую все кла́ссы о́бщества. Рефо́рма Петра́ была́ револю́цией не по свои́м це́лям и результа́там, а то́лько по свои́м приёмам и по впечатле́нию, како́е произвела́ на умы́ и не́рвы совреме́нников.

В своём преобразова́тельном разбе́ге, Пётр не уме́л щади́ть людски́е си́лы, а лю́ди в своём стоя́чем отпо́ре не хоте́ли цени́ть его́ уси́лий. Пётр шёл про́тив ве́тра и со́бственным уско́ренным движе́нием уси́ливал встре́чное сопротивле́ние.

Рефо́рма Петра́ была́ борьбо́й деспоти́зма с наро́дом, с его́ отста́лостью. Он хоте́л, что́бы раб, остава́ясь рабо́м, де́йствовал созна́тельно и свобо́дно. Совме́стное де́йствие деспоти́зма и свобо́ды, просвеще́ния и ра́бства, э́то полити́ческая и культу́рная квадрату́ра кру́га, зага́дка, кото́рая разреша́ется в Росси́и со вре́мени Петра́ Вели́кого и всё ещё не разрешена́.

# 15

сноше́ние contact
рука́в branch of river (also: sleeve)
меша́ться to mingle
боло́то swamp
возни́кнуть to arise, spring up
perf. of: возника́ть
зы́бкий unstable
напереко́р in defiance of
кость (f.) bone
образе́ц model
пло́тник carpenter
уско́рить to hasten
perf. of: ускоря́ть

о́блик features, contour
воздвига́ть to erect
воздви́гнуть (perf.)
тюрьма́ prison
неве́жество ignorance, crudeness
изя́щный refined
дворе́ц palace (noun)
дворцо́вый palace (adj.)
властели́н master, lord
взве́шивать to weigh
взве́сить (perf.)
разби́вка layout

## ПЕТЕРБУ́РГ В ВОСЕМНА́ДЦАТОМ ВЕ́КЕ

Пётр Вели́кий не люби́л Москвы́. Там встреча́л он наибо́лее упо́рное сопротивле́ние свои́м рефо́рмам. Ста́рая столи́ца, объедини́тельница ру́сской земли́, была́ опо́рой и си́мволом старины́.

Петру́ нужна́ была́ но́вая столи́ца на берегу́ мо́ря, окно́, че́рез кото́рое Росси́я могла́ бы установи́ть сноше́ния с Евро́пой. Отвоева́в себе́ от Шве́ции до́ступ к Балти́йскому мо́рю, Пётр неме́дленно, в 1703 году́, приступи́л к постро́йке го́рода Петербу́рга на том ме́сте, где река́ Нева́ впада́ет в Фи́нский зали́в, т. е. и́менно там, где в эпо́ху ки́евского госуда́рства начина́лся во́дный путь из Скандина́вии в

Византию, приведший Русь к столь обширным сношениям с чужими странами.

Устье Невы распадается на пять главных рукавов, которые образуют, вместе с рядом более мелких протоков и речек, множество плоских и низменных островов. В природе здесь нет ничего пышного, гордого, всё снизилось и словно ждёт смиренно, что воды зальют этот печальный край. Тощая трава мешается с сухим мхом и болотными растениями. Здесь царствует колючая сосна, печальная ель и чахлая берёза, эти деревья севера.

Туманы и болота, из которых возник Петербург, свидетельствуют о титанической работе, которую нужно было произвести, чтобы создать здесь, на зыбкой, пустынной почве, этот город. Здесь всё говорит о великой борьбе с природой, здесь всё наперекор стихиям. Вряд ли найдётся другой город в мире, который потребовал бы больше жертв для своего рождения. Петербург—город на костях человеческих. Водная стихия скована героическими усилиями его строителей. Периодически повторяющиеся наводнения —некоторые из них катастрофических размеров, погубившие тысячи людей—проходят через всю историю города.

Низменность берегов и болотистая почва требовали укрепления грунта. Пётр, съездив в Европу, понял, что местность и климат новой столицы ближе всего подходят к голландским—те же низкие места, так же много болот и воды. Страстный любитель воды, он хотел, чтобы это был город каналов и мостов, такой как Амстердам, который он видел, или как Венеция, которую ему не удалось посетить, но о которой он столько слышал.

В 1712 году Пётр объявил только что начинающий обстраиваться Петербург новой столицей. Московская Русь перестала существовать. Её сменила Всероссийская империя—название, которое было официально введено в 1721 году, когда Пётр принял титул Императора Всероссийского.

Не только личные вкусы Петра, но и общие идеи и приёмы его реформ отразились как в зеркале в строении Петербурга. Прежде всего появились военные здания— Петропавловская крепость на центральном острове и Адмиралтейство, т. е. верфь для постройки кораблей, на левом берегу Невы. Для себя Пётр, не любивший роскоши, построил маленький, низкий, одноэтажный домик напротив от Петропавловской крепости.

Город не только строился, но и заселялся принуждением. Жители переезжали сюда по приказу царя. Дворяне были обязаны строить себе дома по предписанным царём размерам. Хотя Пётр лично не любил роскоши, он поощрял её в своих помощниках, так как Петербург должен был стать образцом новой, европейской жизни для всей России. Многие из домов, построенных сотрудниками царя, были и грандиознее и красивее, чем все петровские дворцы.

Первые петербургские постройки были исключительно деревянные. Лес имелся под рукой, а собранные сюда со всей России плотники хорошо умели строить деревянные здания. Чтобы эти деревянные постройки не слишком напоминали Москву, они расписывались под камень или кирпич. Но постепенно стали заменять дерево камнем. Для того, чтобы ускорить в Петербурге постройку каменных домов, Пётр издал указ в 1714 году о запрещении каменных построек во всём государстве и велел на каждом судне и возе, приходящем в Петербург привозить определённое количество камней.

С 1711 года лихорадочная стройка идёт не только в Петербурге, но понемногу начинает перекидываться и на его окрестности. Не только царь, но и его приближённые строят себе загородные дворцы.

Архитектурный облик Петербурга ко дню смерти его основателя был создан исключительно иностранными зодчими. В Петербург приехали сразу и итальянцы и немцы и французы и голландцы. Живя и работая здесь одновременно, каждый вносил в постройки свои расовые и индивидуальные особенности. Благодаря этому Петербург получил свою собственную физиономию. Его нельзя назвать ни итальянским, ни немецким, ни голландским, ни французским. Стиль его только "петербургский."

Самая замечательная черта в облике города это то, что здесь воздвигались не отдельные здания, а строились целые архитектурные пейзажи далёких перспектив и широких пространств. Город создавался как антитеза окружающей природе, как вызов ей. Он весь из спокойных, прямых линий и твёрдого камня, чёткий, строгий, стройный и царственный, с золотыми шпилями Адмиралтейства и колокольни собора Петропавловской крепости, которые спокойно возносятся к бледнозелёным небесам.

К концу царствования Петра Великого Петропавловская крепость возвышалась как символ самодержавия. Собор крепости предназначался для погребения русских царей, а вокруг выросла самая большая государственная тюрьма. Первым политическим преступником, который сюда попал, был единственный сын Петра Великого, Алексей. Царевич относился враждебно к реформам отца и бежал за границу, чтобы укрыться от гнева грозного царя. Но его вернули и Пётр, подозревая заговор и измену, предал сына суду. Слабый здоровьем царевич Алексей не выдержал заключения и пыток и умер в 1718 году.

Пётр Великий скончался в 1725 году не назначив преемника. В течение следующих 37 лет, верховная власть переходила путём дворцовых переворотов от одного члена царской семьи к другому. Десять лет на престоле продержалась племянница Петра Анна Ивановна Курляндская (1730–1740), двадцать лет продолжалось царствование дочери Петра Елизаветы (1741–1761), а в 1762 году на престол вступила бывшая немецкая принцесса и жена внука Петра, Екатерина II (1762–1796).

Влияние этих трёх женщин сильно отразилось на развитии Петербурга. Анна Ивановна была женщина рослая и тучная, с лицом более мужским чем женским, грубая и жестокая. Несмотря на своё невежество, она является создательницей царского двора и придворной жизни в Петербурге, для которых в своё время у Петра Великого не было ни времени ни наклонности. Императрица Анна устраивает роскошные приёмы, одевается в богатые наряды и требует такого же праздного и светского образа жизни от своих придворных. Всё это ещё ново и грубо, сквозь внешний блеск и лоск ещё ярко просвечивают невежество и культурная отсталость. Но при весёлой, жизнерадостной, ленивой и беспорядочной Елизавете придворная

жизнь стано́вится изя́щнее и великоле́пнее. Молва́ о ска́-
зочно блестя́щих придво́рных бала́х и увеселе́ниях в
Петербу́рге начина́ет расходи́ться по европе́йским столи́цам.

Це́нтром придво́рной жи́зни стано́вится Ле́тний дворе́ц,
постро́енный знамени́тым архите́ктором Растре́лли мла́д-
шим. При Петре́ Вели́ком, в Петербу́рг попа́ли лишь об-
ло́мки италья́нского баро́кко, значи́тельно сильне́е отра-
зи́лись фо́рмы неме́цкого, но не́ было худо́жника велика́на,
кото́рый мог бы вла́стной руко́й наложи́ть свою́ ли́чную
печа́ть на го́род. Таки́м властели́ном форм был Растре́лли.

Баро́кко—живопи́сная архитекту́ра, создаю́щая впечат-
ле́ние движе́ния, непреры́вного бе́га ли́ний. Люби́мый приём
баро́кко—центра́льность компози́ции, еди́нство простра́н-
ства, архитекту́ра больши́х масс. Петербу́рг дава́л бога́тый
материа́л для таки́х приёмов. Са́мый блестя́щий пери́од
тво́рчества Растре́лли отно́сится к сороковы́м и пятидеся́-
тым года́м 18 ве́ка, когда́ не то́лько в столи́це, но и в
при́городах выраста́ют дворцы́ э́того вели́кого зо́дчего. По-
сле́дней постро́йкой Растре́лли в Петербу́рге был Зи́мний
дворе́ц, око́нченный в 1762 году́. Ка́ждая отде́льная часть
э́того огро́много зда́ния обду́мана и взве́шана так, что
длинне́йший гла́вный фаса́д получи́л оживлённую, но всё
же стро́гую разби́вку.

При вели́чественной и тала́нтливой Екатери́не II, Петер-
бу́рг дости́г по́лного расцве́та. Иностра́нцы ста́ли называ́ть
его́ "го́родом дворцо́в." Любя́ все худо́жества, Екатери́на
пита́ла осо́бенную страсть к архитекту́ре. Раско́пки Помпе́и
в середи́не 18 ве́ка произвели́ по́лный переворо́т в евро-
пе́йском иску́сстве и откры́ли э́ру но́вого классици́зма—
круше́ние баро́кко и возрожде́ние классици́зма.

Екатери́на, кото́рая люби́ла благоро́дную простоту́, все-
це́ло сочу́вствовала э́тому переворо́ту и пригласи́ла ряд
тала́нтливых европе́йских зо́дчих но́вой шко́лы в Петер-
бу́рг. Гла́вными среди́ них бы́ли шотла́ндец Чарлс Каме-
ро́н, до́лго жи́вший в Ри́ме и влюблённый в класси́ческий
мир, и италья́нец Джако́мо Кваре́нги. Кваре́нги стал для
Петербу́рга тем, что ра́ньше был Растре́лли. Со времён
Екатери́ны Петербу́рг храни́т на себе́ печа́ть стро́гих форм
класси́ческой, ри́мской эпо́хи.

# 16

придавля́ть  to crush
охвати́ть  to encompass
perf. of: охва́тывать
стя́гивать  to draw together
стяну́ть (perf.)
мяте́жный  mutinous
штык  bayonet
раб  slave
чертёжик
diminutive of: чертёж
sketch, draft
знать (f.)  gentry
украше́ние  decoration
увлече́ние  enthusiasm, passion

просвети́тельный  enlightening
недоста́ток  shortcoming
размышля́ть  to meditate, ponder
ску́дный  scanty, sparse
избавля́ть  to rid of
изба́вить (perf.)
бичева́ть  to scourge
нача́ла (pl.)  principles, elements
произво́л  free will, discretion
брак  marriage
про́пасть (f.)  precipice

## НО́ВЫЙ КУЛЬТУ́РНЫЙ ЦЕНТР—ДВОРЯ́НСКАЯ УСА́ДЬБА

С оконча́нием Се́верной войны́ со Шве́цией в 1721 году́ для Росси́и ко́нчилась многовекова́я борьба́ за свою́ самостоя́тельность. Росси́я могла́ тепе́рь обрати́ться к разви́тию свои́х духо́вных и материа́льных сил, так надо́лго прида́вленных вое́нными бу́рями. Для э́того пре́жде всего́ ну́жно бы́ло освободи́ть обще́ственные кла́ссы от бре́мени тех госуда́рственных обя́занностей, кото́рое на них лежа́ло.

Освобожде́ние ру́сского о́бщества начало́сь све́рху и к концу́ 18 ве́ка охвати́ло лишь ве́рхний обще́ственный класс—дворя́нство. По двум причи́нам дворя́нство бы́ло тепе́рь наибо́лее си́льным кла́ссом о́бщества и могло́ ра́ньше всех сбро́сить с себя́ госуда́рственные обя́занности.

Во пе́рвых, в рука́х дворя́нства сосредото́чивалась ва́жная материа́льная си́ла: владе́ние землёй. Ещё со вре́мени моско́вского госуда́рства класс дворя́н получи́л исключи́тельное пра́во на землевладе́ние. Дворя́нство 18 ве́ка унасле́довало э́то пра́во. По усло́виям тогда́шнего наро́дного хозя́йства Росси́и, владе́ние землёй стя́гивало в рука́х дворя́нства все ни́ти наро́дного труда́. В то вре́мя Росси́я ещё то́лько гото́вилась вступи́ть на путь промы́шленного разви́тия. Земледе́льческий труд составля́л и́стинную осно́ву всего́ наро́дного хозя́йства, а распоряже́ние землёй и крепостны́ми принадлежа́ло дворя́нству.

Во вторы́х, в рука́х дворя́нства оказа́лось, по́сле сме́рти Петра́ Вели́кого, ва́жное полити́ческое ору́дие. Дворцо́вые переворо́ты, повторя́ющиеся до са́мого нача́ла 19 ве́ка, происходи́ли с по́мощью гварде́йских полко́в, состоя́вших исключи́тельно из дворя́н. Ка́ждый член ца́рской семьи́, по́днятый на престо́л мяте́жными гварде́йскими штыка́ми, спеши́л вознагради́ть дворя́нский класс, оказа́вший ему́ подде́ржку в лице́ гва́рдии, но́выми права́ми, вы́годами и привиле́гиями.

При А́нне Ива́новне пожи́зненная обяза́тельная слу́жба дворя́н была́ ограни́чена на 25 лет, а в 1762 году́ совсе́м отменена́. При Елизаве́те, дворя́нство получи́ло пра́во продава́ть крепостны́х отде́льно от земли́, т. е. как рабо́в. Кро́ме того́, оно́ приобрело́ суде́бно-полице́йскую власть над свои́ми крестья́нами. При Екатери́не II, дворя́нство бы́ло обращено́ в привилеги́рованный класс с широ́кими права́ми самоуправле́ния.

Освобожда́ясь от слу́жбы и приобрета́я всё но́вые права́, дворя́нство ма́ссами хлы́нуло к себе́ в дере́вню, чтобы наслажда́ться свое́й свобо́дой по́сле веково́й, тяжёлой слу́жбы. Здесь, в дворя́нских уса́дьбах и име́ниях, с середи́ны 18 ве́ка испо́лнилось жела́ние Петра́ Вели́кого, чтобы Петербу́рг стал образцо́м для всей Росси́и. Разви́тию городо́в препя́тствовало крепостно́е пра́во. Но распростране́нию за́падноевропе́йской культу́ры в дере́вне спосо́бствовало пра́здное и состоя́тельное дворя́нство.

Все стараются обзавестись ''Растреллиевским'' домом. Но получить его оказывалось не легко, так как знаменитый архитектор был завален дворцовыми делами в Петербурге. Многие были счастливы, если им удавалось упросить Растрелли сделать хоть чертёжик для дома и церкви где нибудь в дальнем имении. То было первое имя зодчего, которое узнала вся Россия, и искусство его было первое, которому суждено было перешагнуть за пределы придворной знати и войти в жизнь широких масс провинциального дворянства.

Таким же успехом пользовались, во второй половине 18 века, любимые архитекторы Екатерины II. Вся знать хотела себе строить дома в дальних усадьбах по проектам Джакомо Кваренги. Огромное влияние на русское зодчество второй половины 18 века оказал также Таврический дворец, построенный архитектором Иваном Егоровичем Старовым по поручению Екатерины II для её фаворита Потёмкина. Идеал пышности и богатства, этот ''пантеон'' служил предметом нескончаемых подражаний. Каждый состоятельный дворянин старался завести у себя хоть некоторое подобие ''пантеона''—пусть даже небольшой деревянный дом, но непременно с флигелями и во что бы то ни стало с колоннами и с куполом. В короткое время вся деревенская Россия покрылась маленькими Таврическими дворцами.

При Елизавете, главной заботой дворянства было украшение жизни плодами чужой культуры. Не только архитектура домов, но и обстановка и одежда были западно-европейскими по стилю. При Екатерине II, новой заботой общества стало украшение ума, усвоение чужих идей. Началось увлечение французской просветительной литературой. Французских философов читали, перечитывали, переводили и собирали, составляя целые библиотеки. В особенности увлекались Вольтером, благодаря его способности говорить обо всём и легко и остроумно. Но о практических результатах просвещения думали мало.

Французская просветительная литература была восстанием против феодального порядка и католического миросознания. Как практическое движение она имела чисто местный, французский или западноевропейский, антифеодальный интерес. В России не было того, против чего направлены были на Западе эти идеи. Все недостатки русской жизни тогдашнего времени происходили именно из того, что ничего не было устарелого, привычного, а всё ещё создавалось на ходу. Русский образованный человек жил в русской действительности, а ум его был наполнен содержанием совсем другого происхождения, взятым из совсем другого мира.

В голове образованного человека екатерининской эпохи необыкновенная масса общих идей, но он совсем не размышляет и не понимает того, что его окружает.

Этот недостаток размышления и понимания действительности даже тяготел над литературой. Никогда русская литература не говорила о таких возвышенных и отвлечённых предметах и никогда не отличалась более скудным содержанием.

Чужие слова и идеи избавляли русское общество от необходимости размышлять, как даровой крепостной труд избавлял его от необходимости работать. Литература разделилась на два течения: идиллию и сатиру. Она или восхищалась современными идеями или бичевала уродливые проявления современных порядков. Сатира обличала, идиллия восторгалась, обе декламировали, ни та ни другая не размышляла.

Самым даровитым писателем екатерининского времени надо считать Дениса Ивановича Фонвизина, но и он понёс на себе всю тяжесть неестественных отношений русского человека к действительности. Его лучшие комедии ''Бригадир'' и ''Недоросль''—отвлечённые трактаты о добродетели и пороках.

Идеи просветительной философии о началах разума и свободы не оказывали никакого действия на поступки людей. Между этими идеями и русской действительностью было безмерное расстояние. После того, как с дворян снимается обязательная служба и они превращаются в привилегированную корпорацию, вставал логический вывод, что и с крестьян нужно снять обязательный крепостной труд. Но этого второго шага 18 век не сделал. Закон не

стáвил влáсти дворян над крепостнгм никакáх предéлов
и грани́ц. Помéщик по своемý произвóлу определял коли́-
чество крестьянского трудá. Помéщичья власть вторгáлась
во все уголки́ крестьянской жи́зни. Прéжде всегó помéщик
старáлся обеспéчить наибóлее вы́годное размножéние крепостнóй мáссы. Для э́той цéли пускáлась в ход сáмая грý-
бая регламентáция крестьянских брáков. Но семья кре-
постнóго моглá распáсться столь же неожи́данно и бы́стро,
как и возникáла. Помéщик мог продáть крестьянина нá
сторону, вы́рвав егó из роднóй семьи́. Торгóвля крестьянами принимáла в течéние 18 вéка всё бóльшие размéры.
Состояние, капитáл помéщика, считáлись не деньгáми, а
"дýшами," т. е. числóм принадлежáщих емý крепостны́х.

    В своéй дерéвне дворяни́н был полновлáстным хозяином,
самодéржцем в небольшóм цáрстве. Он окружáл себя мно-
гочи́сленным штáтом дворни́, котóрая производи́ла всё нýж-
ное для хозяйства и дáже рабóтала для увеселéния своегó
хозяина. Мнóгие дворяне устрáивали у себя крепостнóй
теáтр, пересáживая на мéстную пóчву всё то, с чем знакó-
мились в Петербýрге. Крепостны́е арти́сты обучáлись всем
ви́дам сцени́ческого искýсства—дрáме, óпере, балéту, пéнию
и инструментáльной мýзыке.

    К концý 18 вéка, еди́нство рýсской культýры, котóрое
бы́ло ужé поколéблено в 17 вéке и ещё сильнéе при Петрé
Вели́ком, окончáтельно разбивáется. Общéственный строй
Росси́и отличáется большóй простотóй, но вмéсте с тем и
пóлным, внýтренним разобщéнием. Общество распадá-
ется на две глáвных чáсти, на свобóдных дворян и пора-
бощённых крестьян.

    Их разделяет глубóкая прóпасть. Крестьянские мáссы
продолжáют храни́ть связь с церкóвным сознáнием, с ре-
лиги́озными начáлами. Монасты́рь является для них всё
ещё глáвным, éсли не еди́нственным культýрным цéнтром.
А среди́ дворян возникáет свéтская культýра, оснóванная
на зáпадноевропéйских идéях вольнодýмства. У рýсского
дворяни́на не стáло пóчвы. Он говори́т по францýзски,
читáет Вольтéра, Монтескьé, Дидрó, Руссó, одевáется по
послéдней пари́жской мóде, а егó детéй обучáет францýз-
ский гувернёр. Но францýзская пóчва, с котóрой он сры-

ва́л культу́рные цветки́, была́ ему́ чужда́, а ру́сская по́чва, на кото́рой он стоя́л, совсе́м не дава́ла таки́х цветко́в. Ни иде́и, ни практи́ческие интере́сы не привя́зывали его́ к родно́й по́чве. Он был ру́сским, кото́рому стра́стно хоте́лось стать францу́зом. Ве́чно стара́ясь стать свои́м среди́ чужи́х, он то́лько станови́лся чужи́м среди́ свои́х.

Э́то раздвое́ние ру́сского о́бщества наложи́ло глубо́кую тень на весь после́дующий, 19 век.

мысль (f.) thought
искусство art
разрыв break, rift
десятилетие decade
простота simplicity
поколение generation
сравнивать to compare
   сравнить (perf.)
обилие abundance
чиновничество officialdom
чиновник civil servant
правительство government

кольцо ring
купечество merchant class
обременять to burden
   обременить (perf.)
участок share, portion
включать to include, inclose
   включить (perf.)
разложение disintegration
обман deceit
босой barefoot
босяк tramp, pauper

## ОБЗОР ДЕВЯТНАДЦАТОГО ВЕКА

19 век—одна из самых замечательных эпох в русской истории, может быть даже самая замечательная. Это век мысли, слова, творчества, и искусства, золотой век литературы, музыки и живописи. Вместе с тем это также век нарастающего внутреннего разрыва и раскола в обществе. Каждое десятилетие проходит под знаком нового значительного события или новых идей, меняющих состав общества, его образ жизни, настроение, интересы, мнения и мысли.

Простота общественного строя конца 18 века, раздел общества на две главных части, на дворян и крестьян, исчезает. Быстро и бурно вырастает ряд новых социальных групп и классов. Всех их занимают унаследованные от 18 века и неразрешённые вопросы: Как освободить крестьян, как снять с них обязательный крепостной труд, как уничтожить пропасть, разделяющую высшие классы от низших, как восстановить единство общества и культуры? Вопрос "Что делать?" повторяется всеми и не раз в течение века появляется в заглавии литературного произведения.

После смерти Екатерины II в 1796 году на престол вступил её сын Павел I, человек изломанный, раздражённый и озлобленный враждой, которую мать всю жизнь питала к нему. Вся деятельность Павла была направлена к тому, чтобы отменить всё, что было сделано и задумано Екатериной. При ней расцвет и возвышение дворянства достигли небывалых раньше размеров. Это то развитие Павел и старался остановить и изменить. Павел был первым настроенным против дворян царём. Своё отношение к этому классу он метко и ярко выразил словами: "В России велик только тот, с кем я говорю, и только пока я с ним говорю."

Павел уничтожил установленное Екатериной самоуправление дворянства и многие другие аристократические привилегии. Чтобы отстранить возможность дворцовых переворотов, столь способствовавших в течение 18 века к возвышению дворянства, Павел установил законом 1797 года порядок наследования престола—от отца к старшему сыну. Но эта предосторожность не спасла царя от дворянского заговора и, в 1801 году, от убийства.

Несмотря на кратковременность царствования Павла I, начавшийся при нём разлад между дворянством и правительством не прекратился при его наследнике, Александре I, а наоборот усилился и продолжал расти. Причиной этому послужили наполеоновские войны, решающим этапом которых явилось нашествие Наполеона в Россию в 1812 году, окончившееся полным разгромом французской армии.

Победа над Наполеоном увлекла русское правительство и дворянство в противоположные стороны. Александр I всецело занялся переустройством Европы, "Священным союзом," и отложил вопрос о внутреннем преобразова́нии Росси́и, столь интересова́вшем его́ до 1812 го́да. А на передовы́х люде́й ру́сского дворя́нства Оте́чественная война́ 1812 го́да име́ла обра́тное влия́ние. Она́ породи́ла в них жела́ние преобразова́ть ру́сскую жизнь, преодоле́ть ту про́пасть, кото́рая отделя́ла их от наро́да.

На рубеже́ 18 и 19 столе́тий ру́сские дворя́не переста́ли стреми́ться в вое́нную слу́жбу, снача́ла по́льзуясь привиле́гиями, ока́занными им Екатери́ной II, а пото́м спаса́ясь от стро́гостей и вражды́ Па́вла I. Наполео́новские во́йны сно́ва привлекли́ дворя́н в ряды́ а́рмии. Заграни́чные похо́ды и пребыва́ние ру́сских войск в европе́йских столи́цах познако́мили дворя́н-офице́ров с за́падноевропе́йской жи́знью и разви́ли в э́тих молоды́х лю́дях настрое́ние, ре́зко отлича́ющееся от о́браза мышле́ния их отцо́в, поколе́ния времён Екатери́ны II.

В дворя́нах конца́ 18 ве́ка просвети́тельная францу́зская литерату́ра воспита́ла холо́дный рационали́зм и суху́ю мысль, отчуждённую от действи́тельности и презира́ющую ру́сскую жизнь. Наоборо́т, дворя́не времён Алекса́ндра Пе́рвого жи́во интересова́лись действи́тельностью не то́лько европе́йской, но и ру́сской. Всё, что они́ ви́дели заграни́цей, они́ сра́внивали с Росси́ей. Они́ переста́ли увлека́ться францу́зской культу́рой и закрыва́ть глаза́ пе́ред ру́сской действи́тельностью. Отцы́ бы́ли ру́сские, кото́рым стра́стно хоте́лось стать францу́зами, сыновья́ бы́ли по воспита́нию францу́зы, кото́рым стра́стно хоте́лось стать ру́сскими. В них, в отли́чие от отцо́в, удиви́тельное оби́лие чу́вства, переве́с чу́вства над мы́слью, оби́лие доброжела́тельных поры́вов, стремле́ние к о́бщему добру́, в осо́бенности к добру́ ру́сского наро́да, гото́вность же́ртвовать ли́чными интере́сами, сча́стьем и да́же жи́знью.

Из э́того поколе́ния, из э́той офице́рской, дворя́нской среды́, сложи́лось та́йное о́бщество, воше́дшее в исто́рию под назва́нием Декабри́стов. Чле́ны э́того о́бщества хоте́ли сде́лать в Росси́и полити́ческий переворо́т, отмени́ть самодержа́вие, замени́в его́ конституцио́нным поря́дком, и освободи́ть крестья́н от крепостно́го пра́ва. Иде́и Декабри́стов не́ были я́сно офо́рмлены, бы́ло мно́го разногла́сий, и за́говор был пло́хо подгото́влен. Поэ́тому они́ изве́стны под назва́нием того́ ме́сяца, в кото́ром они́ попыта́лись устро́ить переворо́т—в декабре́ 1825 го́да—а не под назва́нием иде́й, кото́рым они́ хоте́ли служи́ть.

Восста́ние Декабри́стов ко́нчилось по́лной неуда́чей. Пятеры́х из них казни́ли и бо́лее ста бы́ли со́сланы в Сиби́рь. Но всё же э́то движе́ние име́ло грома́дное значе́ние. Во пе́рвых, Декабри́сты явля́ются основа́телями но́вой обще́ственной гру́ппы в Росси́и. Они́ отцы́ интеллиге́нции. Они́ бы́ли пе́рвыми ру́сскими, кото́рые де́йствовали в Росси́и во и́мя иде́й, а не во и́мя лица́. Ни оди́н из дворцо́вых переворо́тов 18 ве́ка не име́л це́лью но́вого госуда́рственного поря́дка.

Во вторы́х, восста́нием Декабри́стов конча́ется полити́ческая роль ру́сского дворя́нства. Оно́ перестаёт быть пра́вящим кла́ссом, всё бо́лее теря́ет своё прави́тельственное значе́ние. Руково́дство госуда́рственными дела́ми перехо́дит к специа́льным о́рганам прави́тельства— к чино́вничеству. Чино́вничество пополня́ется, в осо́бенности в вы́сших свои́х слоя́х, из дворя́нства. Но э́то уже́ не гру́ппа самостоя́тельных де́ятелей, а послу́шное ору́дие прави́тельства.

Разви́тие чино́вничества я́рко отрази́лось на о́блике Петербу́рга пе́рвой полови́ны 19 ве́ка. Э́то уже́ не го́род дворцо́в, а го́род по преиму́ществу администрати́вный, бюрократи́ческий и официа́льный. Чино́вник стано́вится гла́вным его́ граждани́ном.

Стра́стью строи́тельства, кото́рая отлича́ла Петра́ Вели́кого и Екатери́ну II, горе́л и Алекса́ндр I. Ему́ хоте́лось сде́лать Петербу́рг краси́вее всех посещённых им столи́ц Евро́пы, прида́ть Петербу́ргу ещё бо́лее единообра́зный и стро́гий вид. Строи́тельство привлечённых Алекса́ндром I вели́ких зо́дчих сосредото́чивается на прави́тельственных зда́ниях, а не на ча́стных дворца́х. Классици́зм продолжа́ет расцвета́ть, но идеа́л уже́ не Рим, как э́то бы́ло в 18 ве́ке, а дре́вне-гре́ческие руи́ны Песту́мских хра́мов, с их дори́ческими коллона́дами. Перестра́иваются Адмиралте́йство, Би́ржа, Большо́й Теа́тр, Гла́вный Штаб, стро́ятся Александри́нский Теа́тр и соединённые колосса́льной а́ркой зда́ния Сена́та и

Синода. Всё это дышит простотой, суровым мужеством и силой мощных форм дорики.

В то время, как Петербург становился городом чиновничества, у новорождённой русской интеллигенции тоже создавался свой центр—Москва. В Петербург ездили служить, в Москву ездили учиться. Тут находился лучший и старейший русский университет, привлекающий молодёжь изо всех концов России. В Москве 19 века почти не было заметно ничего официального. "Петербург строился рублями, а Москва веками," говорят старая русская пословица. Москва росла вокруг Кремля во все стороны кольцами, окружёнными стенами, расположение которых напоминало как бы разрез ствола дерева, по которому можно определить его возраст. Распределение колец сохранилось даже тогда, когда стены стали заменять бульварами. Своим смешением зелени—парков, садов и огородов—с домами, Москва напоминала большую деревню. Улицы кривы и косы, нет главной улицы, которую можно было бы сравнить с Невским проспектом в Петербурге.

Облик Петербурга как чиновничий город вполне сложился в первой половине 19 века. В это же время Москва находилась ещё в переходном состоянии, только постепенно теряя свой старый, дворянский облик. Ядро нового московского населения окончательно сформировалось только во второй половине 19 века. Оно состояло не только из интеллигенции, но и из купечества, и отразило, таким образом, перемены произошедшие в составе русского общества в связи с двумя событиями. Развитию интеллигенции способствовало восстание Декабристов в 1825 году. Быстрый рост купечества и промышленности был вызван освобождением крестьян в 1861 году.

Закон 1861 года явился ответом правительства на важнейший, занимающий всех вопрос: "Что делать?" Но основных проблем русской действительности этот закон не разрешил. Он не дал крестьянам свободы, а наоборот обременил их новыми долгами и обязанностями. Земельные участки, которые правительство покупало у дворян для передачи освобождённым крестьянам не переходи́ли в ру́ки ча́стных лиц, а остава́лись во владе́нии се́льской о́бщины, ми́ра.

В тече́ние 49 лет ка́ждый член о́бщины до́лжен был плати́ть так называ́емый "вы́куп" за обраба́тываемую им зе́млю. О́бщина отвеча́ла прави́тельству за упла́ту э́того до́лга. То́лько отплати́в э́тот долг крестья́нин мог стать ча́стным со́бственником свое́й земли́. Таки́м о́бразом, бы́вшая зави́симость крестья́нина от поме́щика заменя́лась но́вой зави́симостью от о́бщины. О́бщина преврати́лась в ме́стный о́рган госуда́рственной, фина́н- совой администра́ции. Она́ включа́лась в разви́тие де́- нежного хозя́йства, несмотря́ на то, что по существу́ она́ принадлежа́ла к эпо́хе средневеко́вого натура́льного хозя́йства.

Э́то противоре́чие привело́ к разложе́нию дереве́нской о́бщины во второ́й полови́не 19 ве́ка. Наибо́лее энерги́ч- ному меньшинству́ среди́ чле́нов ми́ра, так называ́емым "кулака́м," удава́лось—нере́дко путём обма́на и наси́- лия над бо́лее сла́быми крестья́нами—освобожда́ться от тя́жких долго́в, пробива́ть себе́ доро́гу и поднима́ться в ряды́ купцо́в и промы́шленников. Но большинство́ крестья́нской ма́ссы опуска́лось всё ни́же, бедне́ло и сходи́ло в ряды́ "босяко́в" и́ли дереве́нского пролета- риа́та.

И кулаки́ и босяки́ спеши́ли из дере́вни в города́, в осо́бенности в Москву́, пе́рвые, чтобы развива́ть там свои́ предприя́тия, вторы́е в наде́жде найти́ за́работок и, по возмо́жности, поступи́ть в ряды́ бы́стро расту́щей фабри́чной рабо́чей си́лы.

Интеллиге́нция, чино́вничество, буржуа́зия, дереве́нский пролетариа́т и промы́шленные рабо́чие бы́ли те́ми но́- выми социа́льными гру́ппами, кото́рые появи́лись в Росси́и в тече́ние 19 ве́ка. Из них, интеллиге́нция оказа́ла са́мое реша́ющее влия́ние на дальне́йшую судьбу́ Росси́и.

# 18

**у́мственный** intellectual
**насле́дие** inheritance, legacy
**ве́ра** faith
**ра́зум** reason, intelligence
**мышле́ние** thinking
**вы́вод** conclusion
**стра́стный** passionate
**спаси́тель** (m.) savior
**сжига́ть** to burn, destroy by fire
  **сжечь** (perf.)
**поклоня́ться** to worship, bow
  **поклони́ться** (perf.)

**кра́йность** (f.) extreme
**справедли́вый** just
**плод** fruit
**досто́инство** dignity
**разночи́нец** commoner
**отрица́ние** negation
**презира́ть** to despise
**положи́тельный** positive
**ка́яться** to repent, confess
**вина́** guilt
**искупле́ние** expiation
**искупля́ть** to expiate
  **искупи́ть** (perf.)

## РУ́ССКАЯ ИНТЕЛЛИГЕ́НЦИЯ

В соста́в интеллиге́нции любо́й страны́ вхо́дят все, кто принима́ет уча́стие в у́мственной жи́зни населе́ния. У́мственная де́ятельность, иска́ние иде́й, э́то основна́я черта́ интеллиге́нции.

В Росси́и появле́ние э́той обще́ственной гру́ппы бы́ло подгото́влено рефо́рмами Петра́ Вели́кого и распростране́нием образова́ния во второ́й полови́не 18 ве́ка. Но как осо́бый, отде́льный класс, она́ появи́лась то́лько в 19 ве́ке.

По́сле раско́льников, э́то была́ втора́я социа́льная гру́ппа, кото́рая развила́сь незави́симо от прави́тельства, вопреки́ прави́тельству. "Не челове́к для госуда́рства, а госуда́рство для человéка"[1]—вот однá из основны́х идéй рýсской интеллигéнции 19 вéка.

Однáко, отстáивая свобóду мы́сли, идéйную незави́симость от прави́тельства, рýсские интеллигéнты не смогли́ освободи́ться от векового наслéдия христиáнской рели́гии. Рýсская культýра былá, до 18 вéка, преимýщественно духóвной, церкóвной культýрой. Вéра, а не рáзум, былá оснóвой э́той культýры. И дáже тепéрь, когдá появи́лась интеллигéнция, т. е. класс, котóрый стреми́лся разви́ть свои́ ýмственные способности, свой рáзум, котóрый хотéл начáть свобóдную рабóту мы́сли, психолóгия правослáвия остáвила глубóкий след в мышлéнии э́того клáсса.

Вéра, религиóзность, оснóвана на безграни́чной прéданности однóй идéе и на безуслóвном отрицáнии всего несоглáсного с э́той идéей. И́менно такóй, религиóзный по своемý существý подхóд, руководи́л рýсской интеллигéнцией в её ýмственной рабóте. Онá всегдá искáла идéю, котóрую онá моглá бы приня́ть целикóм, без оговóрок. Крити́ческий, скепти́ческий óбраз мышлéния, осторóжный осмóтр возмóжных оши́бок и́ли непрáвильных вы́водов, остáлся чужд рýсской мы́сли. Характéрно, что слóво "прáвда" имéет, на рýсском языкé, два разли́чных значéния. Прáвда не тóлько то, что соотвéтсвует действи́тельности, но тáкже морáльный идеáл, поря́док жи́зни, оснóванный на справедли́вости.

И́менно в э́том, вторóм смы́сле рýсская интеллигéнция искáла прáвды. Ею руководи́ло чýвство, а не рáзум; чýвство глубóкого сострадáния к рýсскому нарóду, стрáстное желáние стать спаси́телем э́того нарóда—и́ли дáже всего человéчества—, создáть нóвую, справедли́вую жизнь. В э́той мечтé о лýчшей жи́зни, в сравнéнии с котóрой бледнéет реáльность, интеллигéнция сохрани́ла черты́ религиóзности. Éсли окáзывалось, что идéи, на котóрых строи́лась её мечтá, не соотвéтствовали действи́тельности, то интеллигéнт от них откáзывался и искáл нóвых, как бы говоря́: "Я сжёг всё, чемý поклоня́лся—поклони́лся всемý, что сжигáл." Поэ́тому, разви́тие рýсской

---

[1] М. Карпóвич, "Тради́ции рýсской общественной мы́сли," стр. 18.

мы́сли в тече́ние 19 ве́ка шло не равноме́рно и после́дова-
тельно, а представля́ет собо́й ряд ре́зких перехо́дов от
одно́й кра́йности к друго́й.

Интеллиге́нция жила́ в разры́ве с настоя́щим, не то́лько
потому́ что взаи́мное чу́вство вражде́бности отстраня́ло её
от прави́тельства, но и потому́, что це́лая про́пасть отде-
ля́ла её от наро́дных масс и от разви́тия наро́дной жи́зни.
От гру́сти земны́х страда́ний она́ пыта́лась уйти́ в идеа́ль-
ную действи́тельность. Вся́кая хозя́йственная де́ятель-
ность, все стремле́ния к разви́тию производи́тельных сил
страны́, рассма́тривались интеллиге́нцией как по́шлое,
ни́зкое стремле́ние к ли́чной нажи́ве. Интеллиге́нция не
люби́ла бога́тства, а то́лько справедли́вое распределе́ние
бога́тства. Её вражде́бность к купе́честву была́ столь же
сильна́ как и к прави́тельству.

Ру́сская интеллиге́нция жила́ исключи́тельно иде́ями и
для иде́й. Во и́мя свои́х иде́й она́ была́ гото́ва на тюрьму́,
ка́торгу, пы́тки и смерть. Она́ не была́ социа́льным кла́с-
сом. В её соста́в вошли́ представи́тели ра́зных слоёв
о́бщества.

По нача́лу, интеллиге́нция была́ почти́ исключи́тельно
дворя́нской. Пе́рвые иде́йные тече́ния э́той гру́ппы офор-
мились в 40 года́х 19 столе́тия. Это бы́ло за́падничество
и славянофи́льство. За́падники—наприме́р литерату́рный
кри́тик В. Бели́нский и профе́ссор моско́вского универси-
те́та Т. Грано́вский—учи́ли: По осно́вам свое́й культу́ры,
ру́сские—европе́йцы, то́лько мла́дшие по своему́ истори́-
ческому во́зрасту, и потому́ должны́ идти́ путём, про́йден-
ным За́падом, усвоя́я плоды́ их культу́ры. Таки́ми плода́ми
за́падники рассма́тривали пре́жде всего́ поня́тие о це́нности
и досто́инстве челове́ческой ли́чности и о её пра́ве на
свобо́дное разви́тие своего́ ра́зума.

Да, возража́ли славянофи́лы—А. С. Хомяко́в, И. В.
Кире́евский и други́е—ру́сские европе́йцы, но восто́чные.
У них свои́ осо́бые нача́ла жи́зни, кото́рые они́ и должны́
разраба́тывать со́бственными уси́лиями. Таки́ми нача́лами
славянофи́лы счита́ли правосла́вную рели́гию и крестья́н-
скую общину. Европе́йские рефо́рмы Петра́ Вели́кого они́
осужда́ли как национа́льную катастро́фу. Росси́я не уче-

ница и не спутница, даже не соперница Европы, она её
преемница. Россия и Европа—это две стадии культурного
развития человечества. Западная Европа—обширное клад-
бище, где под богатыми, мраморными памятниками спят
великие покойники прошлого. Лесная и степная Россия—
это колыбель, в которой беспокойно возится и кричит ми-
ровое будущее. Европа отживает, Россия только начинает
жить, и так как ей придётся жить после Европы, то ей надо
уметь жить без неё.

Славянофилы были обращены к допетровскому про́ш-
лому, западники к Западу. Но и допетровская Русь и
западная Европа были для них не реальностью, а идеальной
мечтой. Отвлечённые философские споры между представителями обоих течений велись с необычайной страст-
ностью и нередко кончались разрывом личных отношений.

В 60 годы в интеллигенцию всё больше вливаются
новые люди—разночинцы. Это люди, вызванные к работе
из низших слоёв общества эпохой реформ Александра II.
Большую роль играют в этой группе интеллигенты, вы-
шедшие из духовного сословия, например Н. Чернышевский
и Н. А. Добролюбов. Идейное течение этого десятилетия
получило название нигилизма. Бывшие семинаристы дела-
ются нигилистами. 60 годы прежде всего время критическое, время отрицания дореформенной, дворянской культуры. Словами третьего известного представителя нигилизма, Д. И. Писарева: "Что можно разбить, то и нужно
разбивать. Что выдержит удар, то годится, а потому бей
направо и налево, от этого вреда не будет."

Нигилисты презирали праздную, изящную жизнь дворян 40 годов, их идеализм, их бесконечные разговоры и
споры на философские темы, их неспособность к практи-
ческой работе. Но нигилизм не весь в отрицании. В нём
была и положительная сторона: увлечение материализмом.
На материализме основано стремление нигилистов создать
новый тип человека: сильного, практичного, мыслящего
реалиста, человека независимого, освобождённого от вся-
ких традиций и авторитетов, человека уверенного во
власть разума над жизнью. Но и тут интеллигенция не
освободилась от религиозного мотива. Новый человек, о

кото́ром мечта́ли нигили́сты, и кото́рого Чернышѐвский описа́л в своём рома́не "Что де́лать?" это аске́т, кото́рый отка́зывает себе́ во всех удо́бствах жи́зни, развива́ет свой ум, си́лы и во́лю не для себя́, а для служе́ния други́м, чтобы посвяти́ть всю свою́ жизнь и ли́чность подготовле́нию револю́ции.

Иде́я о вла́сти ра́зума над жи́знью, интере́с к челове́ческой ли́чности сближа́ет нигили́стов с за́падниками 40 годо́в, несмотря́ на глубо́кие разногла́сия ꙗтих двух поколе́ний. Вопро́с о наро́де, об отноше́нии "мы́слящего реали́ста" к наро́ду отодвига́ется нигили́стами на за́дний план. Зато́ в 70 го́ды мысль о наро́де опя́ть стано́вится центра́льной для интеллиге́нции. Поэ́тому, чле́ны ꙗтой гру́ппы получа́ют тепе́рь назва́ние наро́дников. В наро́дничестве ска́зывается изве́стная связь с иде́ями славяноф́илов 40 годо́в. Иде́йными вождя́ми наро́дников бы́ли П. Л. Лавро́в и Н. К. Михайло́вский.

В соста́в интеллиге́нции, наряду́ с разночи́нцами, опя́ть начина́ют входи́ть дворя́не под назва́нием "ка́ющихся дворя́н." Чу́вство вины́ и жела́ние искупле́ния руководи́т наро́дниками: дворя́нская культу́ра в про́шлом ста́ла возмо́жной благодаря́ труду́, по́ту и кро́ви наро́да. Тепе́рь пришло́ вре́мя ꙗтот долг заплати́ть. Интеллиге́нция шла в наро́д, в дере́вню, чтобы искупи́ть свою́ вину́, чтобы помо́чь крестья́нству, учи́ть его́, улу́чшить его́ экономи́ческое положе́ние. С ꙗтой це́лью ты́сячи наро́дников шли в дере́вню в ка́честве докторо́в, учителе́й и́ли про́сто рабо́чих.

Но и тут, дви́жущая иде́я интеллиге́нции не была́ реа́льностью, а мечто́й. Наро́д, с кото́рым ка́ющиеся дворя́не встреча́лись в дере́вне, был совсе́м не тако́й, каки́м они́ себе́ его́ представля́ли. Крестья́не не доверя́ли наро́дникам, не хоте́ли их по́мощи, ча́сто не понима́ли их рече́й и нере́дко са́ми выдава́ли их поли́ции. Судьба́ наро́дников была́ траги́чна, потому́ что они́, гото́вые отда́ть свою́ жизнь наро́ду, бы́ли отве́ргнуты ꙗтим са́мым наро́дом.

Разочарова́ние в крестья́нстве привело́ интеллиге́нцию в конце́ 70 годо́в к тому́, что она́ перешла́ от ми́рной, просвети́тельной рабо́ты к революцио́нной, а зате́м отвер-

ну́лась от дере́вни и начала́ иска́ть сою́зников среди́ го-
родско́го и фабри́чного населе́ния. Но гла́вное бы́ло то,
что в концу́ 19 ве́ка бо́лее радика́льно настро́енные чле́ны
э́той гру́ппы от наро́дничества перешли́ к маркси́зму. Э́тот
перехо́д был са́мым кра́йним и са́мым траги́чным в исто́рии
ру́сской интеллиге́нции. Чу́вство сострада́ния и жа́лости,
мечта́ о свобо́де и це́нности челове́ческой ли́чности, в
ру́сском маркси́зме заменя́ются моти́вами си́лы, принуж-
де́ния, отрица́ния ли́чности и безжа́лостной жесто́кости.
Для достиже́ния мо́щи и бога́тства социа́льного коллекти́ва
отноше́ние к челове́ку де́лается беспоща́дным и жесто́ким.

# 19

распе́в chant
обобще́ние generalization
подчинённый subordinate
змееборство fight with dragon
чудо́вище monster
головно́й убо́р head gear
повествова́ние narrative
преувеличе́ние exaggeration
развя́зка denouement
отраже́ние reflection
тракто́вка treatment, interpretation
достове́рность authenticity
по́рох gun powder

осажда́ть to besiege
осади́ть (perf.)
подко́п undermining
посту́пок action, deed
усто́и (pl.) foundations
запро́с demand
бо́йкий brisk
откли́каться to respond
откли́кнуться (perf.)
коренно́й fundamental
о́блик aspect, appearance
впи́тывать to absorb
впита́ть (perf.)
отте́нок nuance, shade

## РУ́ССКИЙ ФОЛЬКЛО́Р

В наро́дном тво́рчестве отражена́ жизнь наро́да—его́ чу́вства, взгля́ды, иде́и, наде́жды и та́кже его́ исто́рия. Во всех стра́нах наро́дное тво́рчество всегда́ пита́ло худо́жественную мысль и воображе́ние писа́телей, компози́торов и худо́жников. С осо́бенной си́лой связь иску́сства с фолькло́ром прояви́лась в Росси́и, где о́бразы и сюже́ты фолькло́рного тво́рчества широ́ким пото́ком вошли́ в карти́ны, в му́зыку и в литерату́ру.

Гла́вные фо́рмы ру́сского фолькло́ра—были́на, ска́зка,[1] истори́ческая пе́сня и часту́шка. Са́мая ста́рая фо́рма— были́на, расска́зывающая о жи́зни ру́сского наро́да с древне́йших времён до 16 ве́ка. На ки́евскую эпо́ху па́дает расцве́т были́н. Но люба́я были́на не отно́сится не к одному́ году и не к одному́ десятиле́тию, а ко всем тем столе́тиям,

---
[1] См. гл. 7.

в тече́ние кото́рых она́ создава́лась, жила́ и совершенство-
валась. В середи́не 16 ве́ка были́на в ру́сском фольклоре
уступа́ет ме́сто истори́ческой пе́сне. А со второ́й полови́ны
19 ве́ка развива́ется и выступа́ет на пе́рвый план часту́шка,
кото́рая в Сове́тский пери́од продолжа́ет расти́ и про-
цвета́ть.

Были́нный стих, исполне́ние кото́рого осно́вано на
уста́вном распе́ве, передаёт действи́тельность в худо́жествен-
ных обобще́ниях. Она́ не расска́зывает об отде́льных
истори́ческих боя́х и́ли собы́тиях, а об о́бщей борьбе́ за
созда́ние и защи́ту ру́сского госуда́рства ки́евского вре́мени;
она говори́т об о́бщих идеа́лах и стремле́ниях наро́да.
Для были́ны характе́рно сочета́ние действи́тельности с
фанта́стикой, преоблада́ние гипе́рболы. В це́нтре были́ны
стои́т индивидуа́льный легенда́рный геро́й—богаты́рь. Бо-
гаты́рь—э́то челове́к  неслы́ханной си́лы и хра́брости.
Де́йствие происхо́дит при кня́зе Влади́мире, при кото́ром
Русь приняла́ христиа́нство. Но сам князь Влади́мир
остаётся соверше́нно пасси́вным. На пе́рвый план в были́нах
выдвига́ется те́ма богаты́рского по́двига, кото́рый гла́вным
о́бразом состоя́л в защи́те ру́сской земли́ от враго́в.

Три гла́вных геро́я ру́сской были́ны: Илья́ Му́ромец,
Добры́ня Ники́тич и Алёша Попо́вич. О ка́ждом существу́ют
ле́тописные све́дения, но они́ противоречи́вы. Все тро́е—
легенда́рные фигу́ры, в них ру́сский наро́д изобрази́л
самого́ себя́ в идеа́льном о́бразе, описа́л те ка́чества, кото́-
рыми он сам стреми́лся облада́ть. Ни оди́н из них не роди́лся
в Ки́еве. Суро́вый, могу́чий и че́стный Илья́—ро́дом из
го́рода Му́рома; вы́держанный, культу́рный и приве́тливый
Добры́ня—из Ряза́ни; ро́дина молодо́го, весёлого и ло́вкого
Алёши—го́род Росто́в. Но Ки́ев притя́гивает их всех
к себе́.

То́лько с вы́езда в Ки́ев начина́ется герои́ческий путь
богатыре́й. Они́ ки́евские не по своему́ происхожде́нию,
а по свое́й иде́йной напра́вленности. Ки́ев явля́лся си́мволом
истори́ческих стремле́ний ру́сского наро́да к еди́ному,
централизо́ванному госуда́рству. Богатыри́ слу́жат кня́зю
Влади́миру не в поря́дке подчинённых. В его́ лице́ они́
хотя́т служи́ть ро́дине и всегда́ явля́ются к нему́ добро-

во́льно. Да́же в были́нах, со́зданных во вре́мя монго́льского наше́ствия, поётся о появле́нии и разгро́ме тата́р богатыря́ми и́менно под Ки́евом, хотя́ Ки́ев в действи́тельности к тому́ вре́мени уже́ давно́ лиши́лся своего́ объединя́ющего значе́ния.

В це́нтре де́йствия были́н стои́т борьба́ богатыре́й со зме́ем и побе́да над ним. Змеебо́рство—оди́н из са́мых распространённых сюже́тов мирово́го фолькло́ра. Но ка́ждый наро́д, в зави́симости от эпо́хи и от осо́бенностей свое́й национа́льной культу́ры, вкла́дывает в э́тот сюже́т свой смысл и придаёт ему́ свою́ национа́льную фо́рму. В ру́сской были́не змей—фантасти́ческое чудо́вище, по́лу-зверь, по́лу-челове́к, кото́рое явля́ется си́мволом древнеру́сского поня́тия о зле. В его́ древне́йшей фо́рме э́то вражде́бное челове́ку существо́, кото́рое представля́ет опа́сные для челове́ка приро́дные стихи́и: си́лу огня́, воды́, грозы́. Но со вре́менем змей превраща́ется в си́мвол госуда́рственного врага́ ру́сской земли́, в си́мвол тех коче́вников, кото́рые всё сильне́е напада́ли на ру́сские грани́цы и поселе́ния—по́ловцы, а поздне́е тата́ры. В были́не "Алёша и змей Туга́рин" в и́мени Туга́рина сохрани́лся о́тзвук и́мени полове́цкого ха́на Туго́ра.

В были́не "Добры́ня и змей" богаты́рь представля́ется безору́жным. Предстои́т борьба́ сла́бого с си́льным. Лиша́я геро́я ору́жия, наро́д как бы хоте́л подчеркну́ть, что превосхо́дство Добры́ни состоя́ло в э́том слу́чае не в физи́ческой си́ле и не в вооруже́нии. Добры́ня побежда́ет зме́я, ударя́я его́ "Ша́пкой земли́ гре́ческой", т.е. византи́йским мона́шеским головны́м убо́ром. Во всём мирово́м фолькло́ре подо́бная фо́рма борьбы́ и побе́ды над зме́ем встреча́ется то́лько в ру́сском э́посе. Христиа́нская рели́гия, прише́дшая в Росси́ю из Византи́и, была́ могу́чим фа́ктором объедине́ния славя́нских племён в еди́ный наро́д. И побе́да над зме́ем понима́ется уже́ не как побе́да челове́ка над си́лами приро́ды, а как побе́да молодо́й христиа́нской культу́ры над тёмными си́лами язы́ческого про́шлого.

Были́на име́ет своё стро́го определённое строе́ние, она́ де́лится на четы́ре ча́сти: Пе́рвая часть—запе́в, по соде́ржанию не свя́занный с тем, что расска́зывает были́на.

Его́ роль—собра́ть слу́шателей вокру́г сказ́ителя, т.е. исполн́ителя был́ины, подгото́вить их внима́ние, созда́ть настро́ение. Втора́я часть был́ины—зач́ин, в кото́ром опи́сывается ме́сто и вре́мя де́йствия. Тре́тья и гла́вная часть—повествова́ние, в це́нтре кото́рого сто́ит о́браз богатыря́ во всём эп́ическом вел́ичии. С велича́вой ме́дленностью опи́сываются его́ благоро́дные ка́чества. Гла́вный ме́тод повествова́ния троекра́тность, употребле́ние числа́ три. Богаты́рь соверша́ет три пое́здки, и́ли три ра́за вступа́ет в борьбу́ со зме́ем, и́ли три го́да не возвраща́ется домо́й. Большо́е значе́ние та́кже име́ет гипе́рбола—чрезме́рное преувеличе́ние ка́честв, си́лы богатыря́, опа́сности, кото́рая ему́ грози́т, и́ли же разме́ра жили́ща, коли́чества еды́ или питья́. Четвёртая часть был́ины—исхо́д и́ли концо́вка, кра́ткое заключе́ние, ито́ги, для развя́зки напряже́ния. Тут иногда́ включа́ется намёк сказ́ителя на награ́ду, кото́рую он ожида́ет.

В те́ксте был́ины есть постоя́нные и перехо́дные места́. Перехо́дные—э́то места́, со́зданные и́ли импровизи́рованные сказ́ителем. Постоя́нные—описа́ния ва́жных моме́нтов в повествова́нии, повторя́емых из поколе́ния в поколе́ние в той же са́мой фо́рме.

Начина́я с 16 ве́ка был́ины всё бо́льше и бо́льше вытесня́ются истори́ческими пе́снями. Во второ́й полови́не 19 ве́ка был́ины совсе́м исчеза́ют в среднеру́сских и ю́жных областя́х. Но они́ сохраня́ются в отдалённых се́верных райо́нах Оне́жского о́зера и Беломо́рского побере́жья, ма́ло затро́нутых огро́мными экономи́ческими и социа́льными переме́нами, кото́рые произошли́ в Росси́и начина́я с 17 ве́ка. На се́вер крепостна́я зави́симость не прони́кла совсе́м, а промы́шленность лишь о́чень ме́дленно. Се́вер преврати́лся в отдалённую окра́ину, сохраня́ющую нетро́нутыми стари́нные тради́ции и мно́гие черты́ дре́вней ру́сской культу́ры. Но и здесь на се́вере был́ины то́лько сохрани́лись, а не развива́лись в ви́де живо́го, ма́ссового наро́дного тво́рчества. Они́ сохрани́лись в исполни́тельном иску́сстве отде́льных знатоко́в и знамени́тых сказ́ителей. Одно́й из са́мых изве́стных сказ́ительниц была́ Ма́рфа Семёновна Крю́кова, сконча́вшаяся в 1954 году́.

Истори́ческая пе́сня начала́ слага́ться ещё в 14 ве́ке, а мо́жет быть и ра́ньше; но своё по́лное разви́тие она́ приобрета́ет то́лько в 16 столе́тии. Основна́я осо́бенность истори́ческих пе́сен—э́то я́ркое отраже́ние исто́рии, стремле́ние сохрани́ть то́чную па́мять о ва́жных истори́ческих собы́тиях. Не фанта́стика, рождённая на по́чве действи́тельности, а по́лностью сохранённые реа́льные собы́тия—вот то принципиа́льно но́вое, что появля́ется в истори́ческой пе́сне. В ней говори́тся не о Ру́сской земле́, а о Моско́вском ца́рстве, еди́ном, си́льном госуда́рстве. С Моско́вским ца́рством неразры́вно свя́зано представле́ние о его́ се́рдце, ка́менной Москве́, о́браз кото́рой с э́того вре́мени в созна́нии и поэ́зии наро́да стано́вится си́мволом ро́дины.

Но Москва́ в истори́ческой пе́сне не представля́ет эпи́ческого це́нтра, подо́бного Ки́еву в были́нах, а явля́ется то́чной географи́ческой локализа́цией госуда́рственной вла́сти. Москва́—утвержда́ют пе́сни—"ца́рством ста́ла" к середи́не 16 ве́ка при царе́ Ива́не Гро́зном. Поня́ть, а тем бо́лее изобрази́ть сло́жный и дли́тельный проце́сс собира́ния ру́сских земе́ль в 16 ве́ке наро́дные певцы́ не могли́. Одна́ко наро́д пра́вильно подме́тил, что возвыше́ние Москвы́ и укрепле́ние центра́льной самодержа́вной вла́сти бы́ли взаи́мно свя́заны. Э́то определи́ло в значи́тельной сте́пени ме́сто и тракто́вку о́браза Ива́на Гро́зного.

Гла́вным геро́ем истори́ческой пе́сни мо́жет быть отде́льное истори́ческое лицо́, наприме́р царь Ива́н Гро́зный и́ли Пётр Вели́кий, каза́к-бунтовщи́к Степа́н Ра́зин или Емелья́н Пугачёв, и́ли геро́й Оте́чественной войны́ с Наполео́ном, Пла́тов. Но центра́льным о́бразом то́же мо́жет быть наро́д. Э́то отлича́ет истори́ческие пе́сни от были́н, для кото́рых характе́рны гиперболизи́рованные о́бразы богатыре́й. Гипе́рбола как ва́жное худо́жественное сре́дство в истори́ческой пе́сне отсу́тствует. Лю́ди изобража́ются с бо́льшей достове́рностью. Основа́нием для выделе́ния отде́льных лиц слу́жит их истори́ческая роль, а не сверхчелове́ческая си́ла и́ли хра́брость.

К наибо́лее популя́рным пе́сням 16 ве́ка принадлежи́т пе́сня о взя́тии го́рода Каза́ни Ива́ном Гро́зным от тата́р в 1552 году́. Под стена́ми Каза́ни впервы́е в ру́сской вое́нной исто́рии с разма́хом был применён по́рох. Э́тот реа́льный факт подчёркивается в пе́сне. Во ''Взя́тии Каза́ни'' не богаты́рский геро́изм, а по́рох реша́ет у́часть осаждённого го́рода. Подко́п под сте́ны и взрыв, разруша́ющий кре́пость, составля́ют центр пе́сни.

В строе́нии истори́ческой пе́сни нет специа́льных запе́вов и концо́вок, подо́бных были́нным. Нача́ло и коне́ц пе́сни непосре́дственно свя́заны с содержа́нием. В нача́ле обыкнове́нно то́чно и реа́льно ука́зывается ме́сто де́йствия. В центра́льном эпизо́де повествова́тельная фо́рма обыкнове́нно заменя́ется диало́гом или моноло́гом. Пряма́я речь употребля́ется как для разви́тия сюже́та, так и для раскры́тия о́бразов. Геро́и пе́сни са́ми объясня́ют свои́ посту́пки и мотиви́руют своё поведе́ние.

Рост фа́брик и заво́дов во второ́й полови́не 19 ве́ка, свя́занный с э́тим рост промы́шленного рабо́чего кла́сса и распа́д патриарха́льных усто́ев в дере́вне не могли́ не повлия́ть на худо́жественные вку́сы и запро́сы наро́да. Появи́лась потре́бность в коро́ткой пе́сенке, с бо́йким ри́тмом, соотве́тствующим но́вым, ускоренным те́мпам фабри́чной жи́зни и маши́нной инду́стрии. Наста́ло вре́мя для пе́сенки, кото́рая откли́ка́лась бы на бы́стро сменя́ющие друг дру́га обще́ственные собы́тия и переворо́ты. Тако́й пе́сенкой яви́лась часту́шка—четырёхстро́чная, значи́тельно ре́же двухстро́чная и́ли шестистро́чная рифмо́ванная пе́сенка.

Часту́шка заостря́ет внима́ние на жи́зненно-ва́жных вопро́сах. До револю́ции 1917 го́да часту́шки говори́ли о тя́жкой жи́зни крестья́н, кото́рых нужда́ и безземе́лье заставля́ют уходи́ть в го́род на за́работки, о тяжёлых усло́виях жи́зни рабо́чих на ура́льских металлурги́ческих заво́дах, на подмоско́вных тексти́льных фа́бриках и́ли на ша́хтах Доне́цкого у́гольного бассе́йна. Часту́шка с доста́точной полното́й отрази́ла и революцио́нное движе́ние 1905 го́да.

В послереволюцио́нных часту́шках говори́тся о гражда́нской войне́ и о коренны́х измене́ниях в наро́дном быту́ при сове́тской вла́сти, в ча́стности об измене́нии о́блика дере́вни коллективиза́цией и механиза́цией колхо́зного хо-

зя́йства. Во вре́мя Оте́чественной войны́ с Герма́нией
бы́ло со́здано мно́жество часту́шек, отзыва́ющихся на все
ва́жные собы́тия тех лет. Непреры́вно возника́ют часту́шки
и в послевое́нное вре́мя, впи́тывая в себя́ всё но́вое.

Наряду́ с часту́шками, со́зданными в сове́тское вре́мя
в наро́дном быту́ до сих пор живу́т и мно́гие из до-
революцио́нных. Большо́й популя́рностью всегда́ по́льзова-
лись часту́шки на любо́вные те́мы. Не́которые из них
явля́ются образца́ми ру́сской ли́рики. Они́ передаю́т
тонча́йшие отте́нки чувств, всё многообра́зие лири́ческих
пережива́ний: зарожде́ние любви́ и её счастли́вое разви́тие,
ра́дость свида́ний, го́речь разлу́ки, печа́ль неразделённой
любви́ и́ли изме́ны.

Спо́собы рифмо́вки в часту́шке разнообра́зны. Иногда́
пе́рвая строка́ рифму́ется с тре́тьей, втора́я с четвёртой,
иногда́ пе́рвая со второ́й, а тре́тья с четвёртой. Поро́й
рифму́ются все четы́ре строки́. Широко́ испо́льзует часту́шка
и приблизи́тельные ри́фмы ("но́вости—со́вести"). В те́ксте
часту́шки иногда́ встреча́ются звуковы́е повто́ры внутри́
строки́, перено́с ударе́ний и как бы игра́ зву́ками: "Что
ты, ми́лый, ре́дко хо́дишь, Ре́дко-на́редко-редко́? Че́рез
ре́дкое свида́нье Позабы́ть тебя́ легко́."

О́бразы и фразеоло́гия часту́шки, при́нципы её построе́ния
неоднокра́тно испо́льзовались мно́гими поэ́тами. К часту́шке
обраща́лись Алекса́ндр Блок и Влади́мир Маяко́вский.
Её испо́льзует в своём тво́рчестве Алекса́ндр Твардо́вский
и други́е совреме́нные поэ́ты.

# 20

стих verse
воплоти́ть to embody
  perf. of: воплоща́ть
произведе́ние work (of an
  artist)
ли́шний superfluous
чутьё flair
по́шлый vulgar, base
поро́к vice
скита́ние wandering, roam-
  ing
ве́ха landmark
накану́не on the eve

просто́р spaciousness, scope
ги́бель (f.) ruin, destruction
ста́до herd
ста́дность (f.) herdlike
  existence
проро́ческий prophetic
подо́бие resemblance, image
собла́зн temptation
мураве́йник ant heap
расстила́ться to spread
настрое́ние mood
неле́пый absurd
при́зрак phantom

## РУ́ССКАЯ ЛИТЕРАТУ́РА В ДЕВЯТНА́ДЦАТОМ ВЕ́КЕ

В це́нтре внима́ния ру́сских писа́телей 19 ве́ка стоя́ла та же иде́я, кото́рая занима́ла ру́сскую интеллиге́нцию вообще́: отрица́ние совреме́нного обще́ственного стро́я. Э́то была́ не то́лько иде́я, но и це́лое чу́вство, си́льное и о́строе. Моти́в сострада́ния к го́рю челове́ка и ми́ра, иска́ние пра́вды, челове́ческого сча́стья, соверше́нной жи́зни, есть основно́й моти́в ру́сской литерату́ры 19 ве́ка.

Её основа́телем явля́ется Алекса́ндр Серге́евич Пу́шкин. Он роди́лся в после́дний год 18 ве́ка и преждевре́менно сконча́лся от смерте́льной ра́ны, полу́ченной на дуэ́ли в 1837 году́. Мо́лодость Пу́шкина совпа́ла с двумя́ ва́жными собы́тиями в исто́рии Росси́и—с наше́ствием Наполео́на и с восстанием Декабристов.[1] В этой политической и духовной атмосфере и формировался Пушкин. Он стоял очень близко к кружку Декабристов. Из-за своих свободолюбивых и направленных против правительства стихов Пушкин провёл 6 лет в ссылке и всю жизнь оставался под надзором правительства.

Пушкин застал русскую литературу, когда она ещё жила чужими образами и ещё не имела собственного, вполне сложившегося языка.[2] Ему одному пришлось исполнить две работы, в других странах обыкновенно разделённые целыми столетиями, а именно: установить язык и создать литературу. В его творчестве как бы просыпался ум и литературный талант русского народа. В нём лежат начала, семена всей русской литературы 19 века. Нет писателя в течение всего этого столетия, который не находился бы под влиянием Пушкина.

Пушкин довёл до высшего совершенства своё основное оружие—слово; слово, как средство изображения и слово, как элемент музыкальный, причём изобразительность и музыкальность, смысл и звук слов, приводились Пушкиным к единству, какого редко достигало искусство. Поэтому поэт оказал глубокое влияние на развитие не только литературы, но и русской музыки. Нет композитора в 19 веке, который не воплотил бы в звуках тем и слов Пушкина.

Словесным мастерством далеко не исчерпывается значение Пушкина. Не менее замечательна разнообразность героев и типов, русских и иностранных, созданных поэтом, и поразительны богатство и глубина идей им высказанных с величайшей краткостью, выразительностью и ясностью. Отношение личности к обществу и государству, столкновение между человеческим разумом и чувством, европейским рационализмом и русской религиозностью, страсть к деньгам и власти как основная проблема современного человека—вот основные идеи, развитые русскими писателями 19 века. И все они были высказаны и намечены Пушкиным.

---

[1] См. гл. 16, стр. 82–83.
[2] См. гл. 27, стр. 154–55.

Таким же образом пушкинские герои сделались предками целого ряда родственных им фигур в произведениях последующих русских классиков 19 века. Евгений Онегин Пушкина, холодный, скучающий, неспособный применить свой ум и европейское образование в современной русской обстановке, явился родоначальником нескольких поколений "лишних людей" в русской литературе—людей оторванных от родной земли. А скромный, несчастный Евгений из пушкинского "Медного всадника"—основатель длинной портретной галлереи маленьких, жалких, забитых, беззащитных людей.

Николай Васильевич Гоголь на десять лет моложе Пушкина. Он начал своё творчество в 1830 годах, под знаком романтизма, с изучения народных былин, сказок и песен Малороссии, где писатель родился. Его первые произведения—ряд поэтических, фантастических сказок о своей родине, в которых смешное переплетается со страшным и жутким. У Гоголя было особое чутьё для наблюдения зла, для описания тёмных сил и отрицательных сторон жизни. Он видел метафизическую глубину зла, не только его социальные проявления.

Мир Гоголя не изображение действительности, а только всего пошлого, низкого в русской жизни, даже когда он от фантастических малороссийских сказок переходит к реалистическим рассказам о жизни мелких чиновников в Петербурге, а затем, в комедии "Ревизор" и повести "Мёртвые души," к описанию русского провинциального города и деревни.

Гоголь не психолог, он великий художник внешних форм, а не внутреннего развития человека. В "Мёртвых душах" каждый герой является символом одной дурной стороны русской жизни во время крепостного права. Тут и плутовство и сентиментальная мечтательность, глупость и жадность, нахальное невежество, хитрость и грубость и наконец скупость. Все эти пороки, одетые в человеческие образы, Гоголь описывает так живо и ярко, с таким реализмом и горькой усмешкой, что он заставляет читателя забывать, что это фантастические маски, а не действительные люди.

Ива́н Серге́евич Турге́нев провёл почти́ всю жизнь в
скита́ниях по стра́нам За́пада, с бо́лее и́ли ме́нее продолжи́-
тельными возвраще́ниями в Росси́ю. Бли́зкое знако́мство
с за́падноевропе́йской жи́знью и культу́рой разви́ло в нём
спосо́бность с большо́й объекти́вностью, издалека́ следи́ть
за разви́тием ру́сской жи́зни. Турге́нев—худо́жественный
летопи́сец своего́ вре́мени, изобрази́вший в свои́х рома́нах,
на фо́не замеча́тельных описа́ний ру́сской приро́ды, те об-
ще́ственные переме́ны, кото́рые происходи́ли на его́ глаза́х
в Росси́и от 40 до 70 годо́в.

Назва́ния гла́вных рома́нов Турге́нева—"Ру́дин," "Дво-
ря́нское гнездо́," "Отцы́ и де́ти," и "Новь"—име́ют осо́бый
смысл. Э́то ве́хи того́ пути́, кото́рый Турге́нев прошёл в
свои́х ду́мах о су́дьбах ру́сского о́бщества. Ру́дин—челове́к
30–40 годо́в, прее́мник пу́шкинского Оне́гина. Он блестя́щий
ора́тор, не зна́ющий Росси́и мечта́тель, неспосо́бный на
си́льные чу́вства и энерги́чные де́йствия. "Дворя́нское
гнездо́" уже́ не рома́н о геро́е, а о це́лой среде́, о путя́х сла-
бе́ющего и бедне́ющего дворя́нства пе́ред освобожде́нием
крестья́н. Рома́н поэти́чески ове́ян осе́нней печа́лью и
освещён вече́рней заре́й.

"Накану́не" весь обращён к бу́дущему. Геро́й рома́на
иностра́нец, болга́рин, предска́зывающий, что Росси́я стои́т
накану́не появле́ния и в ней люде́й де́ла, иду́щих на сме́ну
мечта́тельным лю́дям сло́ва 40 годо́в. В рома́не "Отцы́ и
де́ти" Турге́нев опи́сывает появле́ние э́тих люде́й де́ла
в 60 года́х—нигили́стов разночи́нцев—и их столкнове́ние с
"отца́ми," со ста́ршим поколе́нием 40 годо́в. В 1876 году́
Турге́невым напи́сан после́дний рома́н "Новь." В лице́
геро́я наро́дника, кото́рый конча́ет самоуби́йством, Тур-
ге́нев прости́лся со свои́м люби́мым геро́ем—ли́шним чело-
ве́ком. Писа́тель осужда́ет наро́дническое хожде́ние в наро́д
без зна́ния наро́да, без уме́ния подойти́ в нему́, без реа́льно
обосно́ванной програ́ммы.

Совреме́нниками Турге́нева бы́ли велича́йшие ру́сские
писа́тели 19 ве́ка—Лев Никола́евич Толсто́й и Фёдор
Миха́йлович Достое́вский. Гла́вные произведе́ния обо́их
напи́саны в 60 и 70 года́х.

Толсто́й худо́жник жи́зни; он проника́ет до са́мых её

корней и видит все её проявления и этапы, от рождения до смерти. В его художественных, эпических произведениях царит полная гармония искусства и действительности. Голоса писателя как будто не слышно, а говорят и двигаются сами герои, живёт вся обстановка, в которой они находятся, природа и животные.

Огромный художественный материал использован Толстым в его главном произведении "Война и мир," описывающем период наполеоновских войн России. Тут целые народы, армии, сражения, толпы, тут жизнь целых родов русского дворянства, столичного и провинциального, но и простое крестьянство, тут исторические лица, но и развитие и судьба отдельных частных лиц. Все эти толпы людей проходят мимо читателя в полной гармонии, как живые, каждый имеет своё место, каждое лицо часть широкой, жизненной волны.

Историей движут не отдельные личности, а массы, народ. Вот главный мотив романа и основная идея Толстого, которую он за последние три десятилетия своей жизни (он умер в 1910 году) развил в многочисленных произведениях философского и морального содержания. Человек должен жить для других, не отделяя своей жизни от жизни общей. Смерть уничтожает личную жизнь, бессмертия души не существует, но жизнь общая, жизнь человеческой группы, общества, народа, продолжается и только в ней человек может найти счастье.

В произведениях Толстого чувствуется простор, необъятная ширина русской равнины. В творчестве Достоевского, с другой стороны, преобладает глубина и высота. Он художник духовного. Его герои не отдельные личности, а представители разных сторон души современного человека вообще. Достоевского занимает только одна тема—трагедия современного человека, которая в полной силе раскрывается в России, стране величайших крайностей и противоречий. Эта трагедия состоит в том, что современный человек перестал верить в Бога, объявил свою гордую независимость, силу и право действия по личному, властному усмотрению.

Достоевский не интересуется всей жизнью выпавшего из

старого христианского миропорядка человека, а только главными минутами его внутренней, духовной трагедии. Поэтому идеи играют огромную роль в творчестве этого художника-мыслителя. Идеи приносят человеку гибель, но и спасение. Люди Достоевского живут идеями, чувствуют мысли и выражают весь свой характер в разговоре. У каждого своя особенная речь и интонация, свой словарь и ритм фраз.

В судьбе богооставленного человека Достоевский видит два направления—человекобожество и стадность. Он пророчески намечает пути русской коммунистической революции, произошедшей 36 лет после его смерти. Человеко-бог, т. е. сильная личность, которая считает, что Бога нет, что всё позволено, что ей можно преступать все законы, теряет свой человеческий облик и неизменно погибает. Человек только и есть, если он образ и подобие Божье. Природа человека соотносительна природе Бога.

Христианство Достоевский понимает, как религию духовной свободы, свободы выбора между добром и злом. Зло, преступление, является испытанием свободы. Выбрав зло, совершив преступление, человек может восстановить свою свободу только страданием и искуплением. Путь свободы есть путь страдания. Поэтому всегда существует соблазн избавить человечество от страданий лишив его свободы, поработив его, превратив его в покорное стадо. Но силой, властью, невозможно создать духовную общину, а только создаётся материальный, животный коллектив, коммунистический муравейник. Оба пути, человекобожество и стадность, приводят к одному и тому же результату, к уничтожению человеческой личности.

Свобода и страдание или рабство с животным счастьем— вот пути современного человечества, которые расстилались перед Достоевским с горных вершин его творчества и которые он окончательно указал в своём последнем и величайшем произведении "Братья Карамазовы."

Антон Павлович Чехов начал свой творческий путь в 80 годах короткими рассказами. Они сперва принесли ему славу. Герой этих рассказов—маленький, средний, русский человек из всех слоёв общества. Краткость—главная характерная черта формы и стиля Чехова. Он умеет передать на нескольких страницах целую жизнь человека, описать выбором нескольких коротких подробностей целую обстановку и вложить глубокие, сложные мысли в короткие, простые слова.

Второе достижение Чехова относится к области драматургии. Его пьесы—новая глава в истории театра. Чехов изменил понятие о действии. События на сцене представляют тончайшие, почти незаметные переходы. Вместо открытого движения, Чехов создаёт настроение на сцене, которое передаётся зрителям и показывает скрытое действие. На сцене как будто ничего не происходит, но одним словом, звуком, жестом, выбором обстановки, всё меняется и движется вперёд.

В своей лучшей пьесе "Вишнёвый сад," написанной в 1903 году, Чехов с грустной улыбкой прощается с жизнью старой, дворянской России. Конец настолько близок, что эта жизнь представляется уже нелепой и нереальной. Главные герои призраки, всё в их жизни смешно и бессмысленно. Комическое и трагическое сливаются и выступают как разные стороны одного целого.

# 21

подража́ние imitation
объём volume
перезво́н chimes
ко́локол bell
проникнове́нный expressive
же́ртвовать to sacrifice
наблюда́тельность (f.) talent of observation
презри́тельный contemptuous
ку́чка heap, group

кружо́к circle
грань (f.) boundary line
разуме́ть to conceive
поры́в impulse
престу́пный guilty, criminal
му́чить to torture
преда́ние tradition, legend
мра́чный somber
великоле́пный magnificent
и́споведь (f.) confession
вопль (m.) scream

## РУ́ССКАЯ МУ́ЗЫКА В ДЕВЯТНА́ДЦАТОМ ВЕ́КЕ

В тече́ние веко́в в Росси́и церко́вное пе́ние и наро́дная пе́сня существова́ли ря́дом, не ока́зывая друг на дру́га влия́ния. Це́рковь пресле́довала наро́дную пе́сню. В ру́сском о́бществе интере́с к све́тской му́зыке зароди́лся в 18 ве́ке, одновре́менно с нараста́ющим сближе́нием с за́падноевропе́йской культу́рой вообще́. Но до пе́рвой тре́ти 19 ве́ка включи́тельно цари́т слепо́е подража́ние За́паду, гла́вным о́бразом увлече́ние италья́нской о́перой.

Родонача́льником ру́сской му́зыки явля́ется Михаи́л Ива́нович Гли́нка. Во мно́гих отноше́ниях Гли́нка име́ет в ру́сской му́зыке тако́е же значе́ние, как Пу́шкин в ру́сской литерату́ре. О́ба положи́ли нача́ло но́вому ру́сскому тво́рчеству, о́ба поко́нчили с подража́нием, о́ба со́здали но́вый ру́сский язы́к—оди́н в поэ́зии и про́зе, друго́й в му́зыке. Худо́жественная де́ятельность Гли́нки продолжа́лась всего́ то́лько 20 лет, и за это вре́мя он создал очень немного по объёму, но громадное по содержанию, по новизне, силе и влиянию на дальнейшие судьбы русской музыки.

Родившись в 1804 году в помещичьей семье в деревне, Глинка прожил все детские и юношеские годы среди характернейших проявлений русского музыкального творчества—древнего церковного пения и народной песни. Ещё ребёнком он страстно полюбил гармонический перезвон церковных колоколов. В своей опере "Жизнь за царя," написанной в 1836 году, Глинка соединил эти народные ценности—старинную, то протяжно грустную, то буйно весёлую, крестьянскую песню со строгим, сдержанным и проникновенным, древнерусским церковным пением, обогащая их приёмами европейской гармонизации и оркестровки.

"Жизнь за царя" основана на историческом предании о крестьянине Иване Сусанине, который жертвует собой во время Смуты для спасения отечества. Личная трагедия народного героя вырастает в народный эпос. Образ народа как единое, могучее целое проявляется в мужских и женских хорах и наконец в мощном и величественном хоре с колоколами "Славься."

Во всю жизнь Глинки—он умер в 1857 году—его личным товарищем и художественным спутником был Александр Сергеевич Даргомыжский. Он не был рождён музыкальным колористом, был почти вовсе лишён дара инструментального творчества. Но где он превосходит Глинку, это в драматичности выражения, в психологической наблюдательности, в анализе душевных состояний и внутренних переживаний.

В своей опере "Русалка," написанной на пушкинский текст, Даргомыжский создаёт образы скромных, незаметных людей, лишённых ореола героизма и величия, но способных к сильным и глубоким переживаниям. Его самое великое произведение, это опера "Каменный гость," тоже написанная на пушкинские слова. Даргомыжский стремится звуками прямо и точно выразить слово, создаёт своей музыкой полные и верные человеческие характеры, рисует индивидуальные черты челове́ческие, усло́вленные не то́лько вре́менем и ме́стом, но и настрое́нием, чу́вством и страстя́ми.

Ещё при жи́зни Гли́нки и Даргомы́жского, о́коло середи́ны 19 ве́ка, в Росси́и начало́сь но́вое музыка́льное движе́ние. В Петербу́рге образова́лся музыка́льный сою́з не́скольких ю́ношей, това́рищество Балаки́рева, одушев- лённое мы́слью о необходи́мости но́вого направле́ния в му́зыке. Их окрести́ли презри́тельным про́звищем "мо- гу́чей ку́чки." Но сверх того́, их постоя́нно прозыва́ли "неве́ждами" и "дилета́нтами." И всё таки балаки́- ревское това́рищество завоева́ло себе́ про́чное почётное положе́ние. Пре́жде всего́ оно призна́ло свои́м главо́й и основа́телем ру́сской му́зыки Гли́нку, в то вре́мя ещё не по́нятого, и повело́ энерги́чную войну́ с ру́сской итальа́- нома́нией и музыка́льным "космополити́змом."

Ми́лий Алексе́евич Балаки́рев был пе́рвым из ру́сских компози́торов, самостоя́тельно продо́лживших и разви́в- ших симфони́ческие при́нципы Гли́нки. Но он же пе́рвый привёз на ру́сскую по́чву драмати́ческие и живопи́сные элеме́нты за́падноевропе́йского музыка́льного неороман- ти́зма. Са́мый зна́ющий среди́ чле́нов ку́чки, он ско́ро стал при́знанным главо́й кружка́ и сыгра́л кру́пную педа- гоги́ческую роль среди́ свои́х това́рищей, ознакомля́я их с пробле́мами музыка́льной те́хники.

Моде́ст Петро́вич Му́соргский одни́м из пе́рвых при- соедини́лся к балаки́ревскому кружку́. Му́соргский хоте́л уничто́жить грань, отделя́ющую му́зыку от други́х сфер челове́ческого мы́шления, и найти́ широко́ поня́тный и досту́пный язы́к для обще́ния с людьми́ ра́зного поло- же́ния и социа́льного состоя́ния. Он счита́л призва́нием худо́жника живу́ю бесе́ду с людьми́, переда́чу живы́х мы́слей, тонча́йших черт приро́ды челове́ка и челове́- ческих масс.

Пресле́дуя э́ту цель, несмотря́ на мно́го недоста́тков в те́хнике, Му́соргский заставля́ет му́зыку говори́ть и рисова́ть, негодова́ть, страда́ть и смея́ться. Он не оста- на́вливается ни пе́ред изображе́нием мужико́в и баб в дере́вне, ни пе́ред ско́рбной мольбо́й ни́щей сироты́. Он живопису́ет зву́ками одина́ково я́рко и психоло́гию ребёнка, и чувства молодой женщины, испуганной козлом, но не испугавшейся старого мужа, и мысли семинариста, учащего латинскую грамматику среди воспоминаний о поповской дочери. То шутливая, то насмешливая, музыкальная сатира Мусоргского возвышается до злого, бичующего сарказма в его музыкальных памфлетах, направленных против современных ему представителей музыкального консерватизма.

Полного расцвета талант композитора достигает в операх "Борис Годунов" и "Хованщина." Мусоргский назвал · их "народными драмами." Он разумел народ как "великую личность, одушевлённую единой идеей" и изобразил в обеих операх коллективную психологию, могучие порывы народных масс.

Сюжетом оперы "Борис Годунов"[1] послужила драма Пушкина того же названия. Но не все линии трагедии писателя одинаково развиты композитором. Боярская интрига отбрасывается и образ Самозванца слабеет. В опере два главных лица: преступный царь Борис и народ. Исторически вина Годунова в смерти царевича Дмитрия никогда не была доказана, но Пушкин сделал её основой своего творческого произведения. В опере Мусоргского психологическая драма царя преступника, которого мучает совесть, и социальная драма восстающих народных масс, составляют две переплетающиеся линии действия.

Опера "Хованщина" также построена на сопоставлении личности и народа. В центре действия стоит трагедия стрелецкого офицера и старовера князя Ивана Хованского, обвинённого в заговоре против правительства и погибшего в конце 17 века. Второй главный герой—народ. Целый ряд народных групп переживают столкновение двух культур—древнерусской и западноевропейской.

Самым долговечным и плодовитым из членов балакиревского кружка оказался Николай Андреевич Римский-Корсаков (1844-1909). Он проявил великий и оригинальный талант во всех музыкальных областях, куда

---

[1] Исторический обзор Смутного времени и царствования Бориса Годунова в гл. 10, стр. 49-53.

ни обращалось его творчество. Помимо своих собственных произведений, он окончил оперу Александра Порфирье-
вича Бородина "Князь Игорь," оставшуюся незаконченной
при смерти её создателя в 1887 году. В основе оперы
лежит поэма киевских времён "Слово о полку Игореве."[2]

Римский-Корсаков начал с романса и затем, вдох-
новлённый стариной новгородской губернии, в которой
он родился, написал в 60 годах, музыкальную картину
"Садко"[3] и оперу "Псковитянка." После этого он решил
поближе ознакомиться с техническими приёмами композиции и занялся тщательным изучением гармонии,
контрапункта и фуги. С 1873 года, Римский-Корсаков
с обновлёнными силами принялся за новое творчество,
возвращаясь к темам народного предания. Окончив сказоч-
ные оперы "Снегурочка," "Царь Салтан" и "Золотой
петушок," он обращается к народной психике с другой,
духовно-религиозной стороны и пишет оперу "Сказание
о невидимом граде Китеже и деве Февронии."[4] Симфони-
ческие, инструментальные создания Римского-Корсакого
также принадлежат к высшим торжествам композитора.

Пётр Ильич Чайковский любил всё русское не менее
чем члены балакиревского кружка, но в музыкальной
своей натуре он вовсе не носил элемента "национального," а был от головы до ног космополитом. Он не
вносил никаких особенных новшеств в свои произведения
и считал все новые стремления "кучки" невежеством.

Внимание Чайковского было прежде всего направлено
на раскрытие внутренних душевных переживаний человеческой личности. Он пишет очень много, берёт темы
из русского народного быта и великих образцов мировой
литературы и драматургии. Вследствие физических и
моральных причин личной жизни, Чайковский был почти
постоянно мрачно, печально настроен, несмотря на
чувствительный, добрый, мягкий характер. Чаще всего
его сочинения имели характер меланхолический, задум-

---

[2] См. гл. 2, стр. 9.
[3] Содержание этой былины: гл. 3, стр. 13.
[4] Содержание этого сказания: гл. 7, стр. 34.

чивый и гру́стный, выража́я глубо́кую, но ти́хую любо́вь
и поэти́ческие настрое́ния в соедине́нии с великоле́пно
пе́реданными карти́нами приро́ды, то ми́рно споко́йной,
то возбуждённо бунту́ющей. Реалисти́ческая по́весть в
стиха́х Пу́шкина "Евге́ний Оне́гин," э́та "энциклопе́дия
ру́сской жи́зни," преврати́лась под перо́м Чайко́вского
в лири́ческую о́перу.

Са́мой лири́ческой из всех музыка́льных форм Чай-
ко́вский счита́л симфо́нию. Она́ с наибо́льшей полното́й
спосо́бна вы́разить всё то, для чего́ нет слов, но что
стреми́тся быть вы́сказано. Э́та "музыка́льная и́споведь
души́" име́ет несравне́нно бо́лее могу́щественные сре́дства
для выраже́ния пережива́ний и бо́лее то́нкий язы́к чем
слова́. Вы́сшее созда́ние Чайко́вского—6ая симфо́ния, на-
пи́санная незадо́лго до его́ сме́рти, наступи́вшей в 1893
году́. К концу́ свое́й жи́зни мра́чное настрое́ние Чай-
ко́вского всё уси́ливалось и воплощено́ в велича́йшем
произведе́нии компози́тора, в э́том стра́шном во́пле отча́я-
ния и мучи́тельной безнадёжности челове́ка, стра́стно
люби́вшего жизнь.

# 22

худо́жник artist
преклоне́ние admiration, adoration
че́рпать to draw upon
  почерпну́ть (perf.)
исполне́ние execution, performance
предчу́вствие foreboding
изображе́ние representation, picture
передвижно́й transient
вы́ставка exhibit
притесня́ть to oppress
заключённый prisoner
полотно́ canvas, also: linen fabric

бурла́к workman on the Volga barges
песо́к sand
ля́мка strap
кандалы́ shackles
призы́в call, appeal
уны́лый melancholy
запро́с quest
чу́до miracle
  чудеса́ (pl.)
утра́чивать to lose
  утра́тить( perf.)
пове́рженный prostrated

## РУ́ССКАЯ ЖИ́ВОПИСЬ В ДЕВЯТНА́ДЦАТОМ ВЕ́КЕ

Све́тская жи́вопись начала́ развива́ться в Росси́и в 18 ве́ке. Для украше́ния дворцо́в, кото́рые стро́ились в Петербу́рге и в дворя́нских уса́дьбах, пона́добились и карти́ны. Из-за грани́цы бы́ло вы́звано большо́е коли́чество худо́жников—не́мец Гео́рг Гроот, италья́нец Пье́тро Рота́ри, францу́з Луи Токе́, и мно́гие други́е. Создаётся среди́ ру́сских вкус к карти́нам, на сме́ну стари́нной религио́зной жи́вописи прихо́дит све́тское иску́сство. Пре́жде всего́ развива́ется портре́тная жи́вопись.

Из Импера́торской акаде́мии худо́жеств, осно́ванной в середи́не 18 ве́ка для воспита́ния ру́сских худо́жников, выхо́дит ряд выдаю́щихся портрети́стов. В 1773 году́ Д. Г. Леви́цкий пи́шет портре́т францу́зского мысли́теля Дидро́, проводи́вшего в то вре́мя, по приглаше́нию Екатери́ны II, не́сколько ме́сяцев в Петербу́рге. Э́тот портре́т Дидро́ счита́л са́мым правди́вым и уда́чным из всех с него́ когда́-либо пи́санных. В 10 и 20 года́х 19 ве́ка выделя́ется О. А. Кипре́нский, ма́стер романти́ческого портре́та. Осо́бенно уда́чны его́ же́нские портре́ты, но столь же знамени́т его́ портре́т Пу́шкина, напи́санный в 1827 году́.

Акаде́мия худо́жеств с са́мого нача́ла своего́ возникнове́ния приде́рживалась консервати́вных тради́ций. В пе́рвой полови́не 19 ве́ка в ней цари́ло преклоне́ние пе́ред за́падноевропе́йским классици́змом. Основны́е сюже́ты карти́н че́рпались из мифоло́гии, би́блии и Ева́нгелия; преоблада́л ю́жный, преиму́щественно италья́нский, пейза́ж, а портре́ты должны́ бы́ли быть пара́дно-декорати́вными. Тща́тельно выпи́сывалась бога́тая оде́жда, на фо́не дорого́й ме́бели и́ли роско́шной архитекту́ры. Во второ́й че́тверти 19 ве́ка из э́той шко́лы вы́шли два выдаю́щихся худо́жника—Карл Па́влович Брюлло́в и Алекса́ндр Андре́евич Ивано́в. Сюже́ты их гла́вных карти́н соотве́тствовали тради́циям Акаде́мии, но в исполне́нии о́ба начина́ют освобожда́ться от холо́дной усло́вности по́зднего классици́зма.

В 1830–33 года́х Брюлло́в пи́шет "После́дний день Помпе́и." Карти́на изобража́ет ги́бель Помпе́и в моме́нт изверже́ния Везу́вия. На фо́не ру́шащихся зда́ний и ста́туй ме́чется толпа́, зали́тая злове́щим бле́ском мо́лнии и пла́менем вулка́на. Карти́на производи́ла огро́мное впечатле́ние на зри́телей. Изображе́ние ги́бели дре́внего го́рода выраста́ла в о́бщее представле́ние о ма́ссовых челове́ческих катастро́фах и коренны́х истори́ческих переворо́тах.

Брюлло́в изобрази́л у́жас разруше́ния, Ивано́в—свет и зарю́ но́вой истори́ческой эпо́хи. Сюже́т его́ велича́йшей карти́ны, над кото́рой он рабо́тал бо́лее двадцати́ лет, библе́йский: явле́ние Христа́ наро́ду. Иоа́нн Крести́тель собра́л наро́д у реки́ Иорда́на. И́здали приближа́ется

Христос, после долгого поста возвращающийся из пустыни. Иоанн указывает на Него, как на спасителя человечества. Одни слушают его с надеждой и радостью, другие с любопытством и недоверием. Но все охвачены предчувствием исторического поворота.

К середине 19 века Академия стала всё чаще подвергаться критике со стороны молодых художников. Всё громче требовали, чтобы искусство перешло от идеализированной, нереальной, подражающей Западу живописи к правдивому изображению русской действительности. Несмотря на это, осенью 1863 года Академия объявила сюжетом для конкурса на золотую медаль тему из скандинавских саг: Пир в Валгалле. Все 14 конкуррентов на золотую медаль отказались участвовать в конкурсе, отделились от Академии и основали своё собственное художественное объединение. Целью объединения было вывести русскую живопись на свободную, самостоятельную дорогу и создать реалистическое искусство.

К новаторам начало примыкать всё больше художников. В 1870 году образовалось "Товарищество передвижных выставок." Одним из идейных вождей этого движения был художник Василий Григорьевич Перов. Он воспринимал искусство как общественное служение. Задача художника—дать народу общественно-эстетическое воспитание. Нужно внести искусство в широкие массы путём устройства передвижных выставок во всех городах России. Первая выставка Передвижников состоялась с большим успехом в Петербурге в 1871 году. С тех пор, передовое русское искусство развивается под знаком этого движения.

Картины Перова, в которых преобладает сероватокоричневая красочная гамма, наполнены печалью и гневом. Они выражают глубокое сочувствие к горю, нищете и бесправию народа и осуждают и обвиняют тех, кто притесняет народ. Сюжеты Перова: невежество провинциального духовенства, грубость купечества, самодовольство мелких чиновников. В картине "Похороны крестьянина" изображено горе осиротевшей, нищей деревенской семьи.

Самыми крупными из Передвижников были Илья Ефимович Репин и Василий Иванович Суриков. Искусство Репина крайне разнообразно и богато. Он создал и замечательные портреты и картины на исторические темы, взятые из прошлого русского народа. Но, как и Перов, он уделяет большое внимание бытовому жанру. Арест революционного пропагандиста в деревне, политический заключённый перед казнью, отказывающийся от исповеди, революционер, неожиданно возвращающийся домой из ссылки—вот его темы. Известнейшей из его бытовых картин является полотно "Бурлаки."

В жаркий полдень, по раскалённому песку плоского, лишённого тени берега Волги, медленно идут одиннадцать бурлаков, с широкой лямкой, охватывающей их грудь и плечи, ступая голыми ногами по горячему песку. Их употребляют вместо животных. Они тянут против течения барку, нагружённую хлебом. Кажется, будто они уже целые столетия идут так и будут идти ещё столетия— одни равнодушные, другие мрачные, все угнетённые, но сильные и мужественные.

Суриков—художник исторических трагедий. На первом месте в его картинах—народ, как историческая сила. "Утро стрелецкой казни" показывает конец старого, московского войска. За бунт против европейских реформ Петра Великого стрельцы царём обречены на смерть. Сейчас начнётся казнь. В стороне, сидя на коне, Пётр холодно и гневно смотрит на своих побеждённых врагов. Но стрельцы в эту последнюю минуту жизни духовно не сдаются. Ни один из них не выражает страха или малодушия, несмотря на слёзы и стоны окружающих их жён и детей.

В "Боярине Морозовой" Суриков изобразил эпизод из истории церковного раскола.¹ В зимний, снежный день везут Морозову в кандалах по московской улице. Её увозят в ссылку за её староверческие убеждения. На синеватом, снежном фоне выделяются лица и пёстрые, яркие одежды провожающей боярыню толпы. Все взоры

---

¹ См. гл. 12, стр. 59–63.

обращены́ к ней. Бле́дная, вся в чёрном, высоко́ подня́в
го́лову и пра́вую ру́ку в проща́льном призы́ве отста́ивать
ста́рую ве́ру, е́дет раско́льница, ско́ванная но не побеж-
дённая.

Бы́ли среди́ Передви́жников и пейзажи́сты. Ива́н
Ива́нович Ши́шкин и Алексе́й Кондра́тьевич Савра́сов
одни́ из пе́рвых, кото́рые обрати́лись к скро́мному, уны́-
лому ландша́фту се́верной Росси́и. Ши́шкин на всю жизнь
вдохнови́лся берёзами и со́снами лесно́й глуши́, сде́лался
худо́жником ру́сского ле́са. Савра́сов стал изобрази́телем
весе́ннего пейза́жа, та́ющего сне́га и мя́гкого, ды́мчатого
во́здуха.

Передви́жничество дости́гло своего́ по́лного расцве́та
в 70 и 80 года́х. Основны́е стремле́ния э́того худо́жествен-
ного тече́ния соотве́тствовали о́бщему настрое́нию ин-
теллиге́нтских слоёв ру́сского о́бщества. Жела́ние не
то́лько пасси́вно созерца́ть жизнь, но её и суди́ть и из-
мени́ть, явля́лось гла́вным интере́сом, кото́рый руко-
води́л и нигили́стами 60 годо́в и наро́дниками 70 годо́в.[2]
Одна́ко, к концу́ 80 годо́в в ми́ре иску́сства начина́ют
развива́ться но́вые настрое́ния и но́вые запро́сы. Иде́и
Передви́жников начина́ют подверга́ться пересмо́тру и кри́-
тике, кото́рая к середи́не 90 годо́в приво́дит к по́лному
разры́ву ме́жду "отца́ми" и "детьми́," ме́жду Пере-
дви́жниками и но́вым, молоды́м поколе́нием худо́жников.

Молодо́е поколе́ние обвиня́ет Передви́жников в том,
что они́ бо́льше расска́зывают, чем творя́т, что они́ при-
глаша́ют "чита́ть" карти́ны, вме́сто того́, чтобы и́ми лю-
бова́ться, что они́ свя́зывают себе́ ру́ки стремле́нием
передава́ть лишь объекти́вную реа́льность. Реали́зм вы́-
родился в фотографи́чность. Заговори́ли о "нигили́зме
глаз" Передви́жников, кото́рый разва́л в худо́жниках
э́того поколе́ния привы́чку иска́ть в приро́де то́лько то,
что ви́дят все, и выража́ть на́йденное то́же так, как все
ви́дят. Та́кже осужда́ли Передви́жников за изли́шнюю
отчуждённость от за́падноевропе́йского иску́сства и в
недооце́нке ра́нних портрети́стов конца́ 18 ве́ка и ху-

---

[2] См. гл. 17, стр. 89–90.

дóжников начáла 19 столéтия, воспúтанных Академией худóжеств.

На смéну Передвúжникам, проповéдникам "полéзной жúвописи," объектúвной прáвильности, пришлó поколéние, лóзунгом котóрого стáла твóрческая, индивидуáльная "бесполéзность" и свобóда. Идéя крáйнего индивидуалúзма проникáла в то же врéмя, под названием символúзма, и в литератýру. Грýппа худóжников, писáтелей и поэтов объединúлась вокрýг нóвого журнáла "Мир Искýсства." Под тем же úменем началúсь выставки. Нóвое течéние нé было определённой шкóлой жúвописи. Нýжным признавáлось всё яркое и самостоятельное, поощрялась спосóбность худóжника "вúдеть чудесá," прозревáть за предмéтом его дух и сýщность.

Немáло худóжников, начáвших своё твóрчество под знáком Передвúжников, перешлó в нóвый лáгерь. Исаáк Ильúч Левитáн пéрвый пéренял у францýзских импрессионúстов их живопúсные приёмы, их подхóд к задáчам свéта и цвéта, и стал поэтом рýсского пейзáжа. Валентúн Алексáндрович Серóв в своúх замечáтельных портрéтах достúг слияния человéка и свéто-воздýшной средú, не утрáчивая при этом реалúзма в изображéнии. Вúктор Михáилович Васнецóв широкó испóльзовал для своегó твóрчества нарóдные былúны и нашёл в своúх картúнах—скáзках нóвый подхóд к прирóде сквозь скáзочную грёзу. Стремлéние к индивидуалúзму нашлó наибóлее яркое выражéние в твóрчестве Михаúла Алексáндровича Врýбеля. Образ Дéмона почтú два десятилéтия занимáл воображéние худóжника. Послéдняя картúна Врýбеля, скончáвшегося в 1910 годý, "Дéмон повéрженный"— фантастúчески крáсочное изображéние трагúческого одинóчества и гúбели "дýха гóрдости и красотú." Вся фигýра и лицó дéмона с мрáчными, горящими глазáми, выражáют повéрженную, но не смирúвшуюся сúлу.

постано́вка staging, production
зре́лище spectacle
торже́ственный solemn
исче́рпываться to be exhausted, treated exhaustively
подража́ние imitation
преоблада́ть to predominate
нарица́тельное и́мя common noun
обличи́тельный accusatory
мсти́тельность (f.) vindictiveness
ке́лья cell
самобы́тный original
наперебо́й vying with each other
льстить to flatter
есте́ственность (f.) ease, naturalness

благогове́йный reverential
искаже́ние distortion
возде́йствовать to exert influence
зри́тель (m.) spectator
настрое́ние mood
сосредото́чиваться to be concentrated
сосредото́читься (perf.)
развёртывать to unfold
разверну́ть (perf.)
обнажа́ть to bare, strip
обнажи́ть (perf.)
невпопа́д not to the point
суть (f.) essence
пережива́ние experience, feeling
усло́вный symbolic, relative

## РУ́ССКИЙ ТЕА́ТР

Поня́тие "теа́тр" включа́ет с одно́й стороны́ драмату́ргию, т.е. сцени́ческие литерату́рные произведе́ния, и с друго́й стороны́ всё, свя́занное с постано́вкой пье́сы—игру́ актёров, рабо́ту режиссёра и декора́тора.

Коли́чество слов европе́йского происхожде́ния, воше́дших в ру́сский язы́к и относя́щихся к теа́тру—репертуа́р, спектáкль, пьéса, сцéна, актёр, роль, дрáма, комéдия, драматýрг, режиссёр, суфлёр и др.—ужé укáзывает на то, что теáтр пришёл в Россúю из Еврóпы.

В Россúи мóжно бúло с дрéвних времён наблюдáть не тóлько любóвь нарóда к зрéлищам, но и спосóбность к их организáции, стремлéние придáть театрáльный харáктер нарóдным úграм, развлечéниям и прáздникам. Но цéрковь стрóго осуждáла и преслéдовала такúе "бесóвские" úгры. Эти преслéдования и явúлись глáвной причúной тогó, что теáтр в Россúи создáлся сравнúтельно пóздно и находúлся по начáлу исключúтельно под влия́нием инострáнцев. Театрáльные зрéлища устрáивались инострáнцами в Москвé во вторóй половúне 17 вéка при царé Алексéе Михáйловиче и в начáле 18 столéтия в тóлько что оснóванной Петрóм Велúким нóвой столúце Петербýрге.

Оффициáльное основáние рýсского теáтра состоя́лось значúтельно позднéе: При дóчери Петрá Велúкого, императрúце Елизавéте, в 1756 годý на Васúльевском óстрове в Петербýрге открúлся Россúйский теáтр. При Екатерúне Вторóй в 1773 годý был оснóван Большóй теáтр, а в концé цáрствования Алексáндра Пéрвого в 1824 годý—Мáлый теáтр в Москвé.

Такúм óбразом, пéрвый этáп в развúтии рýсского теáтра покрывáет перúод от 1756 до 1824 гóда. Характéрными чертáми э́того перúода явля́ется во-пéрвых то, что все нáзванные теáтры бúли придвóрными, т.е. бúли оснóваны прáвительством и выражáли вкýсы дворá и дворя́нства. А так как в э́тих кругáх преобладáл интерéс к европéйской, в осóбенности к францýзской культýре, то вторóй характéрной чертóй рýсского теáтра в дáнный перúод бúло подражáние зáпадному, в осóбенности францýзскому теáтру. Любúмыми драматýргами бúли Расúн и Мольéр, пьéсы котóрых переводúлись на рýсский язúк.

Пéрвый рýсский драматýрг и режиссёр вторóй половúны 18 вéка, Алексáндр Петрóвич Сумарóков, брал сюжéты для своúх трагéдий чáще всегó из рýсской истóрии. Но глáвную задáчу своéй драматургúческой дéятельности он вúдел в перенесéнии на рýсскую пóчву лýчших достижéний теáтра францýзского классицúзма. Герóями явля́ются лю́ди высóкого общéственного положéния и сúльных

страстей. Их речь отлита в форму торжественной деклама-
ции. Трагическая борьба обычно состоит в конфликте
между разумом и долгом с одной стороны и чувством,
любовью с другой, и разрешается торжеством добра и
наказанием зла.

Итоги первого периода в развитии русского театра всё
же не исчерпываются подражанием западу. Начала само-
стоятельного сценического искусства проявляются в произведениях драматурга Дениса Ивановича Фонвизина. Его
знаменитые комедии "Бригадир" (1766) и "Недоросль"
(1782) хотя и сохранили явные следы иностранного
заимствования, всё же вышли далеко за пределы клас-
сической комедии· В "Бригадире" Фонвизин посмеялся
над представителями крайнего увлечения Францией и её
порядками. В "Недоросле", крупнейшем произведении
русской драматургии 18 века, он осудил поверхностное и
внешнее полуобразование провинциального дворянства.

В этот же первый период театрального развития в России
появляется учреждение, не встречавшееся на западе:
крепостной театр, т.е. театр, состоящий из крепостных
актёров и принадлежащий члену состоятельного дворянства. Одним из самых замечательных учреждений этого
рода был театр графа Шереметьева в его подмосковном
селе Кускове, не уступавший петербургскому и далеко
превосходящий тогдашний московский придворный театр.
Владетели крепостных театров посылали талантливых
актёров учиться за границей. Актёры свободно продавались
и покупались, иногда за очень высокие цены.

Во второй четверти 19 века пьесы европейского происхождения продолжали преобладать на русской сцене и
влиять на русскую драматургию, хотя на смену классицизма
пришёл романтизм Шиллера и Виктора Юго. Но и Фонвизин
имеет своих преемников. Реалистическое осуждение отрицательных явлений современной жизни проходит через
всю бессмертную комедию в стихах Александра Сергеевича
Грибоедова "Горе от ума," законченную в канун восстания
Декабристов.[1]

---

[1] См. гл. 16.

Э́та коме́дия одна́ из са́мых я́рких проявле́ний в литерату́ре идеоло́гии Декабри́стов. Гла́вный геро́й—у́мный, образо́ванный, благоро́дный Ча́цкий. Он прино́сит с собо́й в моско́вское о́бщество дух свобо́ды, кото́рую он впита́л в себя́ в Евро́пе, как те Декабри́сты, кото́рые позна́ли её во вре́мя наполео́новских во́йн. Ча́цкий гне́вно протесту́ет про́тив некульту́рности, безнра́вственности и жесто́кости окружа́ющих его́ в Москве́ люде́й. Фами́лии не́которых персона́жей раскрыва́ют их хара́ктеры. Э́ти ли́ца предста́влены так я́рко, что Фаму́совы, Молча́лины, Скалозу́бы, Репети́ловы и др. преврати́лись в нарица́тельные имена́, уцеле́вшие в ру́сской разгово́рной ре́чи вплоть до сего́дняшнего дня.

Своего́ ро́да продолже́нием коме́дии ''Го́ре от ума́'' яви́лась дра́ма в стиха́х Михаи́ла Ю́рьевича Ле́рмонтова ''Маскара́д'' (1835). Де́йствие перено́сится в Петербу́рг, но геро́й Арбе́нин, та́кже как и Ча́цкий, нахо́дится в конфли́кте с окружа́ющей его́ великосве́тской средо́й. Ре́чи Арбе́нина напомина́ют по своему́ обличи́тельному хара́ктеру моноло́ги Ча́цкого, с той, одна́ко, суще́ственной ра́зницей, что па́фос Ча́цкого сменя́ется у Арбе́нина моти́вами разочарова́ния и мсти́тельности, приводя́щих его́ к преступле́нию и ги́бели. Арбе́нин силён то́лько свои́м отрица́нием всего́ столи́чного дворя́нского ми́ра с его́ бала́ми и увеселе́ниями. Всё э́то пы́шный маскара́д, где под бога́тыми костю́мами и ро́скошью скрыва́ются по́шлость, за́висть и разврат.

Тре́тьим выдаю́щимся приме́ром ру́сского драматурги́ческого тво́рчества второ́й че́тверти 19 ве́ка явля́ется траге́дия Алекса́ндра Серге́евича Пу́шкина ''Бори́с Годуно́в.'' Та́кже как и грибое́довское ''Го́ре от ума́'' э́то произведе́ние бы́ло зако́нчено накану́не восста́ния Декабри́стов. Те́ма траге́дии—сверже́ние царя́ Бори́са под напо́ром наро́дного восста́ния и возведе́ние на престо́л самозва́нца Дими́трия.[2] Сле́дуя Шекспи́ру, Пу́шкин вво́дит в свою́ траге́дию наро́дные сце́ны и свобо́дно переобра́сывает де́йствие из кремлёвского дворца́ на моско́вскую пло́щадь, из монасты́р-

[2] См. гл. 10.

ской ке́льи на пограни́чный постоя́лый двор, из столи́чного боя́рского до́ма на лито́вскую грани́цу.

К представле́нию на сце́не "Бори́с Годуно́в" не допуска́лся в тече́ние до́лгого вре́мени. Пу́шкину так и не привело́сь увида́ть на сце́не свою́ траге́дию, с кото́рой бы́ли свя́заны его́ сме́лые пла́ны преобразова́ния ру́сского теа́тра. Пу́шкин мечта́л о возвраще́нии дра́мы к её и́стинной стихи́и, к наро́ду. Дра́ма родила́сь на пло́щади и составля́ла увеселе́ние наро́дное. Когда́ дра́ма оста́вила пло́щадь и ушла́ во дворцы́ европе́йских мона́рхов и аристокра́тов, она́ потеря́ла свою́ жи́зненность, игра́ ста́ла холо́дной и форма́льной.

В Росси́и подо́бное приближе́ние теа́тра к наро́ду, о кото́ром мечта́л Пу́шкин, состоя́лось под влия́нием трёх лиц: Никола́я Васи́льевича Го́голя и его́ коме́дии "Ревизо́р" (1835), генка́льного актёра Миха́ила Семёновича Щёпкина (1788–1863) и самобы́тного драмату́рга Алекса́ндра Никола́евича Остро́вского (1823–86), созда́вшего пе́рвый обши́рный репертуа́р для ру́сской сце́ны, включа́ющий о́коло пятиде́сяти коме́дий и драм.

Го́голь ве́рил в воспита́тельную роль теа́тра. В "Ревизо́ре" он хоте́л всё дурно́е в ру́сском о́бществе собра́ть в одну́ ку́чу и над всем одни́м ра́зом посмея́ться. Де́йствующие ли́ца взя́ты не из придво́рной и́ли све́тской среды́, а из ме́лкого провинциа́льного чино́вничества. Они́ говоря́т просто́й, разгово́рной ре́чью, а не стиха́ми. В провинциа́льный го́род приезжа́ет молодо́й челове́к, Хлестако́в, кото́рого чино́вники принима́ют за ревизо́ра из Петербу́рга. Они́ наперебо́й льстят ему́ и подно́сят взя́тки, так как у всех со́весть не чиста́. Ни оди́н из них не исполня́ет добросо́вестно свои́х обя́занностей. В конце́ коме́дии выясня́ется недоразуме́ние. Хлестако́в поспе́шно уезжа́ет, а онеме́вшие от у́жаса чино́вники узнаю́т о прие́зде настоя́щего ревизо́ра.

Актёр Щёпкин вы́шел из ча́стного крепостно́го теа́тра, в кото́ром он выступа́л в ка́честве профессиона́льного актёра начина́я с 1808 го́да. В 1821 году́ ему́ удало́сь вы́йти на во́лю и вско́ре по́сле э́того поступи́ть в тру́ппу моско́вского Ма́лого теа́тра. Здесь Щёпкин ско́ро за́нял ви́дное положе́ние. Он подружи́лся с Пу́шкиным, Грибоéдовым, Лермонтовым и другими писателями. Но особенно тесная дружба установилась у него с Гоголем, взгляды которого на театр он всецело разделял и проводил на сцене. Щепкин ввёл естественность в игру актёра и требовал от него благоговейного отношения к театру. Вся жизнь актёра должна принадлежать театру. Театр—его храм. Щепкин придал всему складу театральной жизни серьёзный и строго художественный отпечаток, поднявший московский Малый театр на громадную высоту сравнительно с остальными театрами. Этот театр стал называться "Домом Щепкина."

Островский родился и вырос в Замоскворечье и сделался бытописателем купеческой среды, хотя и другие слои русского населения не остались вне его наблюдения— мелкое чиновничество, провинциальное дворянство и слой крестьянства, стоящий на переходе к мещанству. Творчество Островского и его критическое отношение к купечеству дают яркий пример существующей непримиримости между интеллигенцией и буржуазией.[3] Главные представители купеческого мира в его пьесах наживают деньги более или менее тёмными и незаконными путями, думают только о себе, с презрением смотрят на честно трудящихся людей и жестоко притесняют всех зависящих от них родственников и служащих. В центре действия стоит борьба и нередко гибель чуткой, светлой, благородной личности, восстающей против окружающих её грубости, невежества и деспотизма.

Язык Островского один из самых разнообразных в русской литературе. Все неправильности и искажения, все провинциализмы и архаизмы, свойственные необразованным, полуграмотным представителям интересующей Островского среды с кропотливой точностью были внесены в речь действующих лиц.

Своего полного расцвета и мировой известности русский театр достиг с основанием Московского Художественного театра в 1898 году. Драматург Владимир Иванович Немирович-Данченко и актёр-режиссёр Константин Сер-

[3] См. гл. 23.

геевич Станиславский являются его основателями, получившими щедрую финансовую помощь и личную поддержку миллионера-фабриканта Саввы Тимофеевича Морозова.

Московский Художественный театр обновил всё театральное искусство, начиная с внешних подробностей декорации и кончая самим существом актёрской игры. Станиславский в театре "ненавидел театр." Театр должен "быть," а не "казаться." На сцене должна быть жизнь, а не представление. Сценическая декорация должна была достичь точного внешнего изображения быта, обстановки и костюмов, характерных для исторической эпохи, в которой разыгрывается действие пьесы. Станиславский стремился посредством декорации воздействовать на зрителя, создать в нём определённое настроение, которое усиливало бы впечатление спектакля.

От актёра Станиславский требовал, чтобы он переживал, а не играл роль. Выходя на сцену, актёр забывал и себя и публику и превращался в персонажа, которого он изображал. Он должен был играть всё время, хотя бы он и молчал, и играть всем своим существом, а не только произносить слова и делать жесты. Это требование относилось к каждому действующему лицу. На сцене Московского Художественного театра не было второстепенных ролей. Сюда шли смотреть не какого-нибудь известного актёра, не героя пьесы, а ансамбль, исключительный по своей эстетичности и сплочённости.

Дисциплина Станиславского распространялась и на публику. После начала спектакля никого не впускали в зрительный зал. После конца представления актёры не выходили раскланиваться, чтобы не ослаблять иллюзию действительности на сцене. Зрительный зал был крайне просто обставлен, всё внимание должно было сосредоточиваться на сцене.

Одним из первых, блестящих успехов нового театра была постановка "Чайки" Антона Павловича Чехова. Пьесы Чехова как нельзя лучше подходили для новаторских стремлений и театральных приёмов основателей Московского Художественного театра. Станиславский и Чехов так же взаи́мно пополня́ли друг дру́га, как в своё вре́мя Ще́пкин и Го́голь. У Че́хова отсу́тсвуют си́льные геро́и и си́льно-драмати́ческие сце́ны. Дра́ма персона́жей развива́ется внутри́, а не во вне́шних проявле́ниях и собы́тиях. Е́сли что и происхо́дит, то преиму́щественно за кули́сами и зри́тели узна́ют о собы́тиях то́лько из разгово́ров. Нет столкнове́ний, борьбы́; в развёрнутой на сце́не карти́не жи́зни ме́дленно нараста́ют каки́е-нибудь чу́вства и так же ме́дленно умира́ют, заменя́ясь но́выми. Обнажи́в свои́ пье́сы от собы́тий, Че́хов та́кже указа́л, что сло́во явля́ется далеко́ не са́мым ва́жным элеме́нтом сцени́ческого иску́сства. Его́ персона́жи не произно́сят гро́мких слов, ча́сто молча́т, говоря́т невпопа́д бессмы́сленности или тривиа́льности. Па́узы, зву́ки и же́сты заверша́ют драмати́ческий моме́нт. Го́лос актёра нере́дко слива́ется с голоса́ми приро́ды.

Одна́ко, сцени́ческий натурали́зм о́чень ско́ро вы́звал про́тив себя́ мо́щный проте́ст. Э́тот проте́ст не́ был у́зкотеатра́льным начина́нием. Он был отраже́нием но́вых антиреалисти́ческих, в ча́стности символи́ческих литера ту́рных тече́ний. Появля́ется це́лый ряд режиссёров-антинатурали́стов. Их де́ятельность составля́ет суть после́дней главы́ в разви́тии дореволюцио́нного ру́сского теа́тра. Са́мым выдаю́щимся среди́ но́вых режиссёров был Все́волод Ме́йерхольд. В нача́ле свое́й карье́ры Ме́йерхольд уча́ствовал в предприя́тиях Станисла́вского, но вско́ре разошёлся с ним, счита́я, что теа́тр ''пережива́ний'' о́тжил свой век.

Ме́йерхольд стреми́лся созда́ть усло́вный теа́тр. На сце́не не нужна́ пра́вда, реа́льная действи́тельность, а нужна́ созна́тельная усло́вность, так как сце́на по самому́ своему́ существу́ усло́вна. Ме́йерхольд отрица́л реалисти́ческие декора́ции. Сце́на должна́ буди́ть воображе́ние, фанта́зию зри́телей. Огро́мное значе́ние Ме́йерхольд придава́л ритми́ческому же́сту. Слова́ на сце́не представля́ют лишь узо́р по канве́ движе́ний. Одна́ко, широ́кая пу́блика встре́тила постано́вки Ме́йерхольда в теа́тре гениа́льной актри́сы Коммиссарже́вской в 1906 году́ с нараста́ющей вражде́бностью и Ме́йерхольд перешёл на слу́жбу Импера́торского петербу́ргского теа́тра, где вопреки́ свои́м убежде́ниям и тео́риям, он создава́л басносло́вно роско́шные постано́вки. Здесь, в февра́ле 1917 года́, накану́не паде́ния импера́торского престо́ла, состоя́лось блестя́щее представле́ние ле́рмонтовского "Маскара́да."

# 24

уничтожа́ть  to destroy
уничто́жить (perf.)
соотве́тствующий  corres-
ponding
у́ровень (m.)  level
желе́зная доро́га  railroad
у́зел  knot, junction
кати́ть  to roll
пополня́ть  to fill up, supple-
ment
доброво́льный  voluntary
пове́рхностный  superficial
производи́тельный  product-
ive
произво́дство  production
ча́стный  private

признава́ть  to acknowledge,
recognize
призна́ть (perf.)
вклад  contribution
тамо́женный  customs (adj.)
очути́ться  to find one's self
(in a place)
пренебреже́ние  neglect,
scorn
убеди́ть  to convince
perf. of: убежда́ть
снаря́ды  ammunition
отре́чься  to abdicate
perf. of: отрека́ться
смета́ть  to sweep away
смести́ (perf.)

## РУ́ССКАЯ БУРЖУА́ЗИЯ

Ру́сский наро́д всегда́ люби́л торго́влю и занима́лся ею,
когда́ и где то́лько мог. В са́мую ра́ннюю эпо́ху ру́сской
исто́рии, во времена́ ки́евского госуда́рства, торго́вля
и городски́е це́нтры име́ли важне́йшее значе́ние для
наро́дной жи́зни. Тем не ме́нее, буржуа́зный класс,
кото́рый сыгра́л таку́ю кру́пную векову́ю роль в исто́рии
За́падной Евро́пы и Аме́рики, появля́ется в Росси́и
о́чень по́здно—то́лько в 19 ве́ке—и о́чень ско́ро схо́дит
со сце́ны: он уничтожа́ется, вме́сте с дворя́нством, в
осе́нней револю́ции 1917 го́да.

Сло́жный и ме́дленный проце́сс разви́тия за́падноевропейской буржуазии с 12 века связан с ростом городов. Купцы, ремесленники и промышленники стекались в городах. Бежавшие от феодальной тесноты и обиды люди находили в городе свободу, порядок и работу. Городской воздух делал человека свободным. В России, в продолжение веков, город не мог играть соответствующей роли. Со времён удельного порядка, русский город возникал и развивался по приказу сперва княжеской, а позднее царской, власти. Бежавшие от крепостного права люди уходили на юг, в "дикое поле" степных областей к казакам, или на север, в леса к раскольникам. Города не были независимыми и не могли сделать русского человека свободным.

В московском государстве купцы представляли собой, по подобию крестьянских миров, торговые общины, организованные ради государственных целей. Обязанность платить подати ложилась одинаково на купцов и на крестьян. Купцы находились на том же социальном уровне как и крестьяне. Они не составляли среднего класса, стоявшего между крестьянством и аристократией, по подобию западноевропейского общества.

В 19 веке произошло несколько событий, содействовавших выделению русских купцов и промышленников в особый, буржуазный класс. Во первых, со времён Екатерины II прекратились жестокие преследования раскольников правительством.[1] Многие с окраин вернулись в центральные области страны и основали свои торговые и промышленные предприятия в Москве и в её окрестностях. Со времён московского государства Москва была одним из важнейших торговых центров России.

Росту буржуазии также сильно содействовало развитие железных дорог во второй половине 19 века. И тут Москва оказалась главным узлом. К концу века, десять разных железнодорожных линий расходились от Москвы во все стороны, соединяя её с Петербургом и Балтийским морем, с Западной Европой через Варшаву,

---

[1] См. гл. 12, стр. 62.

с Сиби́рью и А́зией че́рез Ни́жний Но́вгород, и с ю́жными плодоро́дными степя́ми и с черномо́рскими порта́ми. Ста́рая **ру́сская** посло́вица: ''Москва́ у всей Руси́ под горо́й, **в неё** всё ка́тится,'' получи́ла но́вое значе́ние. Всё Междуре́чье от ве́рхней Во́лги до Оки́ покры́лось фа́бриками и заво́дами всех ви́дов и разме́ров, кото́рые располага́лись, нере́дко на расстоя́нии всего́ двух и́ли трёх миль друг от дру́га, вдоль желе́зных доро́г.

Но са́мое си́льное влия́ние на подъём буржуа́зии оказа́ла отме́на крепостно́го пра́ва в 1861 году́. После́довавшее разложе́ние крестья́нской общи́ны,[2] бы́стрый рост дереве́нского пролетариа́та, дава́л промы́шленникам и купца́м оби́льную и дешёвую рабо́чую си́лу для их предприя́тий. А подня́вшиеся с низо́в ''кулаки́'' пополня́ли ряды́ самой буржуа́зии и спосо́бствовали её коли́чественному ро́сту. Почти́ все выдаю́щиеся моско́вские купе́ческие се́мьи вы́шли из рядо́в крестья́нства.

Бли́зкая генеалоги́ческая связь буржуа́зии с крестья́нством не препя́тствовала бы́строму подъёму культу́рного у́ровня ру́сских купцо́в и промы́шленников. За после́дние два десятиле́тия 19 ве́ка европе́йская архитекту́ра, обстано́вка, оде́жда и предме́ты ро́скоши всё сильне́е влия́ли на вку́сы и о́браз жи́зни состоя́тельных представи́телей торго́вли и промы́шленности. Каза́лось, что буржуа́зия доброво́льно проходи́ла тот путь европеиза́ции, на кото́рый дворя́нство наси́льно вступи́ло при Петре́ Вели́ком.

Но европеиза́ция ру́сской буржуа́зии была́ пове́рхностной и каса́лась то́лько вне́шних форм обихо́да. В основны́х проявле́ниях своего́ культу́рного разви́тия, буржуа́зия пошла́ свое́й, самостоя́тельной доро́гой. Гла́вное, она́ не после́довала у́мственному пути́ дворя́нства, она́ не увлекла́сь ни плода́ми францу́зского просвеще́ния, ни после́дующими произведе́ниями европе́йской мы́сли. Порождённая дворя́нством и вы́делившаяся из него́ интеллиге́нция оста́лась глубоко́ чужда́ и вражде́бна ру́сскому купе́честву. В раско́ле ме́жду э́тими двумя́ гру́ппами корени́тся основна́я ра́зница ме́жду ру́сской буржуа́-

---

[2] См. гл. 16, стр. 84–85.

зией и западноевропейским средним классом. Русская
дореволюционная интеллигенция не смотрела на развитие
производительных, промышленных сил России как на
положительное благо. Средний класс, соединяющий
представителей умственного, идейного и торгово-про-
мышленного труда, в России не успел сложиться.

Русских купцов и промышленников не привлекали
ни философские размышления, ни политические вопросы.
В этом несомненно сказалась тесная родственная связь
купечества с крестьянством. Старинная русская культура выражалась не столько словами и мыслями, сколько
красками и звуками: иконы и церковное пение были её
важнейшими достижениями. В 19 веке русская живопись
и музыка далеко вышли за пределы церковного мира,
сделались всецело светскими, но именно эти две области
искусства больше всего привлекали русскую буржуазию.
Тесная дружба связывала русских композиторов и художников с представителями торговли и промышленности.
Писатели, в общем, в этом союзе не участвовали.

Буржуазия сделала очень много для расцвета искусства. Железнодорожный строитель Савва Иванович
Мамонтов основал частную оперу. Тут русское общество
впервые оценило русских композиторов. Здесь создался
успех оперы Римского-Корсакова "Садко," здесь испол-
нялся "Борис Годунов" Мусоргского. Текстильный
промышленник Павел Михайлович Третьяков создал
знаменитую галлерею, в которой были собраны картины
всех выдающихся русских художников 19 века. Купец
Сергей Иванович Щукин собрал редкую коллекцию новой
французской живописи—Гогена, Матисса, Пикассо и
многих других—покупая картины того или иного мастера
в то время, когда он ещё не был признан в Европе. Кроме
этих крупнейших примеров культурной деятельности буржуазии, было ещё большое количество других ценных
купеческих вкладов в искусство—коллекции картин,
икон, фарфора, и музеи, уже не говоря о денежной под-
держке многочисленных культурных учреждений.

В художественных и культурных вопросах буржуазия
проявляла большую самостоятельность. Но в своей по-

лити́ческой психоло́гии, в своём отноше́нии к госуда́рству, она́ не могла́ освободи́ться от традицио́нного, сложи́вшегося в тече́ние веко́в смире́ния ру́сского челове́ка пе́ред верхо́вной вла́стью прави́тельства.

Со времён образова́ния моско́вского госуда́рства прави́тельство непосре́дственно уча́ствовало в проце́ссе образова́ния ча́стных состоя́ний. Оно́ дава́ло бога́тство как награ́ду за хоро́шее полити́ческое поведе́ние, но оно́ всегда́ его́ могло́ и отня́ть. Э́то своеобра́зие оста́вило я́ркий след в полити́ческих взгля́дах ру́сской буржуа́зии. Она́ продолжа́ла смотре́ть на прави́тельство, как на исто́чник ми́лостей и благ, как на си́лу, кото́рая всё мо́жет, не то́лько в о́бласти поли́тики, но и в о́бласти эконо́мики, тем бо́лее, что прави́тельство дава́ло промы́шленникам огро́мные казённые зака́зы и тамо́женное покрови́тельство от иностра́нной конкуре́нции. Э́та психоло́гия буржуа́зии препя́тствовала разви́тию её самостоя́тельного кла́ссового созна́ния и я́сного поня́тия о её ро́ли в ру́сском о́бществе, о её обще́ственных права́х и обя́занностях.

Отсу́тствие поня́тия социа́льных обя́занностей осо́бенно си́льно сказа́лось в отноше́нии буржуа́зии к рабо́чим. Росси́я вступи́ла на путь индустриализа́ции поздне́е за́падноевропе́йских стран, и поэ́тому могла́ сра́зу воспо́льзоваться после́дними техни́ческими откры́тиями, сде́ланными на За́паде, и обору́довать свои́ фа́брики нове́йшими заграни́чными маши́нами. Для обслу́живания э́тих маши́н в распоряже́нии промы́шленников находи́лся огро́мный, и поэ́тому дешёвый, фонд рабо́чих рук: дереве́нский, бро́сивший зе́млю, пролетариа́т. Ру́сская фа́брика жа́дно и безжа́лостно поглоща́ла э́тот челове́ческий материа́л, ма́ло забо́тясь об усло́виях рабо́ты, о жили́ще, гигие́не и пи́ще рабо́чих.

Сло́жные, мо́щные техни́ческие ору́дия произво́дства очути́лись в рука́х ру́сских промы́шленников ра́ньше, чем они́ успе́ли заду́маться о том, что техни́ческие переме́ны влеку́т за собо́й переме́ны социа́льных и полити́ческих сил и вно́сят но́вые пробле́мы в о́бласть челове́ческих отноше́ний.

Смире́нное отноше́ние буржуа́зии к прави́тельству, её пренебреже́ние к ну́ждам и настрое́ниям рабо́чих и её отчуждённость от интеллиге́нции—вот три моме́нта, кото́рые реши́ли её судьбу́. В ру́сской револю́ции, нача́вшейся в 1905 году́ и сверши́вшейся в 1917 году́, ру́сская буржуа́зия не смогла́ сыгра́ть той реша́ющей ро́ли, кото́рую францу́зская буржуа́зия столь успе́шно сыгра́ла в 1789 году́.

Восста́ние 1905 го́да бы́ло вы́звано не то́лько успе́шной пропага́ндой революцио́нной интеллиге́нции среди́ рабо́чих, но та́кже неуда́чным исхо́дом войны́ с Япо́нией и всео́бщим недово́льством в стране́. В октябре́ э́того го́да, многовеково́е ру́сское самодержа́вие переста́ло существова́ть. Никола́й II обеща́л наро́ду осно́вы гражда́нской свобо́ды и созы́в законода́тельного, вы́бранного все́ми кла́ссами населе́ния, учрежде́ния—Госуда́рственной Ду́мы.

В Ду́ме буржуа́зия не суме́ла созда́ть свое́й со́бственной па́ртии. Лишённая да́ра полити́ческой мы́сли и ре́чи, не разви́в самостоя́тельного полити́ческого языка́, она́ разъединя́лась и входи́ла в ра́зные па́ртии, то соединя́ясь с дворя́нством, то сближа́ясь с бо́лее уме́ренной интеллиге́нцией.

Русской буржуа́зии не удало́сь убеди́ть ни прави́тельство ни о́бщество в том, что разви́тие промы́шленных сил страны́ приобрета́ло всё бо́льшее значе́ние, в осо́бенности ввиду́ надвига́ющейся Пе́рвой мирово́й войны́. Уже́ в 1915 году́ ру́сская промы́шленность оказа́лась не в си́лах снабжа́ть а́рмию ну́жным коли́чеством снаря́дов и обору́дования. Это вы́звало о́сенью э́того го́да необходи́мость о́бщего отступле́ния, крова́вые поте́ри и нараста́ющее недово́льство в само́й а́рмии. Тем вре́менем, ещё задо́лго до нача́ла войны́, организо́ванное революцио́нное движе́ние под руково́дством Ле́нина от рабо́чих перешло́ и на крестья́н. Под давле́нием всех э́тих сил и обще́ственного недово́льства, Никола́й II весно́й 1917 го́да отрёкся от престо́ла. Но Вре́менное прави́тельство, назна́ченное Ду́мой, о́сенью э́того же го́да бы́ло сметено́ большеви́тской револю́цией.

# 25

предчу́вствие foreboding
откровéние revelation
певу́чий melodious
невéдомый supernatural, unknown
вселéнная the universe
потóк flow, stream
чёткий precise, clear
рассу́дочный rational
причи́нность (f.) causality
видéние vision, apparition
жéнственность (f.) femininity

мелькáть to flash
  мелькну́ть (perf.)
бу́йный wild, raving
при́зрак phantom
бессты́жий impudent
уби́йство murder
невреди́мый unharmed
восприя́тие perception
отпóр rebuff
непознавáемый incognizable
догáдка conjecture
алмáзный (adj.) diamond
брак marriage

## СЕРÉБРЯНЫЙ ВЕК

Золотóй век ру́сской поэ́зии начался́ с Пу́шкина во вторóй чéтверти 19 вéка и затéм смени́лся расцвéтом прóзы Гóголя, Тургéнева, Толстóго, Достоéвского и други́х прозáиков. Серéбряный век ру́сской поэ́зии зароди́лся в послéднее десятилéтие прóшлого столéтия и поги́б в бу́рях Пéрвой мировóй войны́, револю́ции и граждáнской войны́. К концу́ 19 вéка предчу́вствие надвигáющихся небывáлых катастрóф и перемéн всё сильнéе охвáтывало ру́сское óбщество и глубокó повлия́ло на духóвную жизнь страны́ и на твóрческие стремлéния во всех óбластях иску́сства. ''Мы дéти стрáшных лет Росси́и'' писáл поэ́т Алексáндр Блок о своём поколéнии.

Серéбряный век—э́то восстáние прóтив реали́зма, восстáние, которое происходило и в западноевропейской литературе конца столетия. В поисках новых откровений художники и мыслители пошли разными, нередко противоположными путями, но все стремились прочь от серой, будничной реальности индустриальной и материалистической жизни. Константин Дмитриевич Бальмонт первый воскресил в русских читателях, на склоне 19 века, любовь к стихам и своей певучей, символической поэзией бросил первый вызов реализму. Реалисты, писал Бальмонт, всегда являются простыми наблюдателями действительности, символисты всегда мыслители, которые стремятся проникнуть в мистерии мира, в область неведомого. Поэт—вестник мистических тайн и загадок вселенной. Символы—единственный способ выйти за пределы земного временного, материального и прикоснуться к божественному, вечному, идеальному, познать, "Что бессмертие к смерти ведёт, что за смертью бессмертие ждёт". Стихи Бальмонта—музыкально-словесный поток. Они не всегда логически ясны. Поэзия должна, подобно музыке, возбуждать в слушателе сложные настроения, создавать слуховые впечатления. Вот пример:

Я вольный ветер, я вечно вею,
Волную волны, ласкаю ивы,
В ветвях вздыхаю, вздохнув немею,
Лелею травы, лелею нивы.

Наряду с Бальмонтом к основателям русского символизма принадлежит Валерий Яковлевич Брюсов. У него нет певучести Бальмонта. Он "поэт бронзы и мрамора", он любит камень и металл, его стих твёрдый, сжатый, чёткий. Другие символисты упрекали его за "реализм в символизме". В своём творчестве он стремился объять все времена и все страны. Наряду с пейзажами современного города:

"Город и камни люблю,
Грохот его и шумы певучие..."

он рисует образы восточной, греческой, римской, скандинавской древности и средневековья. Цель искусства есть постижение мира иными, не рассудочными путями, вне мышления по причинности. Для кого всё в мире просто, понятно и постижимо, тот не может быть художником. Создания искусства—это "приотворенные двери в вечность". Истинный смысл жизни поэта—в подвиге мысли и труда:

"Вперёд, мечта, мой верный вол!

. . .

Я близь тебя, мой кнут тяжёл.
Я сам тружусь, и ты работай!"

Основной поэтической задачей символистов Брюсов считал создание нового языка и новых средств выразительности, новых приёмов для передачи сложных переживаний человека. Однако, в своём творчестве Брюсов постоянно вырывался за пределы символизма, пока, наконец, не отошёл от этого направления. В 1920 году он вступил в партию большевиков и обратился к общественной работе и историко-литературным исследованиям.

Сходным с брюсовским был творческий путь Александра Александровича Блока. В "Стихах о Прекрасной Даме", 1901-02, образ Любови Дмитриевны Менделеевой, будущей жены поэта, сливается с видением космического начала "Вечной Женственности"—"этот яркий отблеск неземной". Однако, Блок всё яснее ощущал приближение грандиозных катастроф. Образы света, сияния, зари, ожидания, которые преобладают в "Стихах о Прекрасной Даме", сменяются, в последующих произведениях Блока—например в "Снежной маске", 1907, в "Страшном Мире", 1909-16,—темами метели, сумрака, тревоги, гибели: "И опять, опять снега."

От мистических видений и переживаний Блок переходит к городским пейзажам, к теме о русской земле, задумывается над вопросами отношения народа и интеллигенции, читает нашумевший доклад о "Крушении гуманизма". Зрелый Блок видит нераздельность искусства и жизни. Одновременно растёт и виртуозность поэта, музыкальность стиха, богатство ритмических мелодий. То мелькают в ритме вальса уличные сцены ночного города: "В кабаках,

в переулках, в извивах . . . ", то слышен голос нищего,
"распевающего псалмы", то звучит лёгкий, быстрый на-
пев народной песни, то буйный темп цыганской пляски.
Блок входит в ряды великих классиков русской поэзии.

Высшей точки своего творчества Блок достиг в поэме
"Двенадцать", 1918. Поэт слышал "музыку революции",
когда писал это произведение: "Чёрный вечер. Белый снег.
Ветер, ветер! На ногах не стоит человек". Старый мир
гибнет в снежной бури революции. Двенадцать красно-
гвардейцев, двенадцать апостолов новой веры, шагают по
улицам Петербурга, "ко всему готовы, ничего не жаль".
Надвигается "мировой пожар в крови".

Символизм не исчерпывается поэзией. Он имеет и своих
представителей прозы. Главные из них—Фёдор Сологуб и
Андрей Белый, хотя оба были также и поэтами. В 1907
году вышел символистский роман Фёдора Сологуба "Мёл-
кий бес." Низкого, жестокого и трусливого провинциала
Ардальона Передонова, главного героя романа, преследует
злобный призрак его больного воображения—маленькая,
серая "Недотыкомка"—неологизм Сологуба. Злая и бес-
стыжая, она то мелькнёт под комодом, то бегает, хихикая,
под стульями, то носится по воздуху, мучает Передонова,
грозит ему, и наконец приводит его к безумию и бессмыслен-
ному убийству. Блок высоко ценил роман Сологуба и от-
метил: "Бывает, что всякий человек становится Передо-
новым . . . и 'вечная женственность', которой искал он,
обратится в дымную, синеватую Недотыкомку."

Проза Андрея Белого—в жизни он Борис Николаевич
Бугаев—включает целый ряд историко-литературных тру-
дов и исследований о теории символизма, но самое известное
его произведение—это роман "Петербург." Первая редакция
относится к 1911–12 годам, которая затем была несколько
раз изменена. Последняя, переработанная редакция вышла
в 1922 году. На фоне фантастического, туманного и хму-
рого Петербурга, из ничего созданного Петром Великим
"на берегу пустынных волн" Финского залива, движутся
призраки-герои романа—Сенатор Аполлон Аполлонович
Аблеухов, "глава Учреждения," и его сын, Николай

Аполло́нович, свя́занный с террори́стами и пыта́ющийся уби́ть со́бственного отца́ бо́мбой с часовы́м механи́змом. Бо́мба взрыва́ется в кабине́те сена́тора, кото́рый, одна́ко, остаётся невреди́м, ухо́дит в отста́вку и переезжа́ет в дере́вню. Сын порыва́ет с террори́стами и та́кже поселя́ется в дере́вне. Конфли́кт ме́жду отцо́м и сы́ном символизи́рует борьбу́ реакцио́нного консервати́зма и революцио́нного терро́ра в Росси́и. О́ба предста́влены Бе́лым бессмы́сленными и неле́пыми. Вся фа́була постро́ена на звуково́м восприя́тии Бе́лым ра́зных букв, кото́рые преобрета́ют для него́ символи́ческое значе́ние. Повествова́ние стро́ится музыка́льно и развива́ется из аллитера́ций и ассона́нсов.

Свои́м мисти́ческим поры́вом в ве́чность символи́зм стреми́лся вы́разить то, что по существу́ слова́ми невырази́мо. И э́то вы́звало отпо́р со стороны́ поэ́тов, жела́ющих отверну́ться от неземны́х тума́нностей, отказа́ться от музыка́льно-лири́ческого возде́йствия на настрое́ние слу́шателей и верну́ться в наш земно́й мир, име́ющий фо́рмы, вес и вре́мя. Так возни́кла поэти́ческая шко́ла акмеи́зма, от гре́ческого сло́ва "а́кмэ," означа́ющего расцве́т, вы́сшую сте́пень, о́стрие чего́-ли́бо. Акмеи́сты пропове́дывали в поэ́зии "прекра́сную я́сность" и ра́дость бытия́. Их гла́вным о́рганом стал журна́л "Аполло́н," 1907–17. Вокру́г него́ группирова́лись поэ́ты Никола́й Степа́нович Гумилёв, его́ пе́рвая жена́, Анна Андреевна Ахма́това, и О́сип Эми́льевич Мандельшта́м. При́нцип акмеи́зма был чётко офо́рмлен Гумилёвым: На́до всегда́ по́мнить о непознава́емом, но нельзя́ отдава́ться тума́нным дога́дкам о нём. Позна́ние Бо́га, прекра́сная да́ма Теоло́гия, оста́нется на своём престо́ле, но ни её низводи́ть до сте́пени литерату́ры, ни литерату́ру поднима́ть в её 'алма́зный хо́лод' акмеи́сты не хоте́ли.

Поэ́зия Гумилёва в осно́ве свое́й геро́ическая. Он поёт о си́льной ли́чности, его́ влечёт к опа́сным приключе́ниям в да́льных стра́нах:

> "Веселы́, нежда́нны и крова́вы
> Ра́дости, печа́ли и заба́вы
> Ди́кой и плени́тельной земли́ . . ."

Стихи́ его́ отлича́ются скульпту́рной чёткостью, но в них нет той тёплой лири́ческой простоты́, кото́рой отлича́ется поэ́зия А́нны Ахма́товой. Брак с Гумилёвым принёс ей нема́ло го́ря. Мно́го автобиографи́ческого вошло́ в её преде́льно просту́ю любо́вную ли́рику:

"Здра́вствуй! Лёгкий ше́лест слы́шишь
Спра́ва от стола́?
Э́тих стро́чек не допи́шешь—
Я к тебе́ пришла́.
Неуже́ли ты оби́дишь
Так, как в про́шлый раз,—
Говори́шь, что рук не ви́дишь,
Рук мои́х и глаз."

В поэ́зии Мандельшта́ма—пе́рвый сбо́рник стихо́в, "Ка́мень," вы́шел в 1913 году́—нет ни гумилёвской геро́ики, ни лири́ческой инти́мности Ахма́товой. По слова́м поэ́та, его́ па́мять "вражде́бна всему́ ли́чному." Он хо́чет говори́ть не о себе́, а "следи́ть за ве́ком." Реа́льность в поэ́зии не предме́ты вне́шнего ми́ра, а "сло́во как таково́е, созна́тельный смысл сло́ва. За сло́вом, за о́бразами Мандельшта́ма стои́т огро́мное содержа́ние, кото́рое чита́тель до́лжен приста́льно разгля́дывать, чтобы его́ осво́ить. Поэ́т создава́л но́вые слове́сные фо́рмы, чтобы воплоти́ть "шум вре́мени," траги́зм эпохи, ги́бель индивидуали́зма и духо́вной свобо́ды.

Гумилёв был расстре́лен большевика́ми, Мандельшта́м поги́б в концла́гере. Ахма́това вре́менно ушла́ от поэ́зии в перево́ды и литерату́рные иссле́дования. В го́ды Второ́й мирово́й войны́ она́ создаёт я́ркий цикл патриоти́ческих стихо́в, из кото́рых мно́гие посвящены́ её люби́мому го́роду—Ленингра́ду. Умерла́ она́ в 1966 году́.

# 26

| | |
|---|---|
| **отверну́ться** to turn away perf. of: **отвора́чиваться** | **преиму́щество** advantage |
| **отверга́ть** to repudiate **отве́ргнуть** (perf.) | **меньшинство́** minority |
| | **большинство́** majority |
| **необходи́мость** (f.) necessity | **разма́х** sweep |
| **преоблада́ние** predominance | **переде́л** redistribution |
| **минова́ть** to avoid | **подчиня́ть** to subordinate |
| **захва́т** seizure | **подчини́ть** (perf.) |
| **стяжа́ние** acquisition | **пленя́ть** to captivate, charm |
| **жесто́кий** cruel | **наси́лие** force, violence |
| **грубова́тость** (f.) coarseness | **отмере́ть** to atrophy |
| **спор** dispute | perf. of: **отмира́ть** |
| **вопреки́** contrary to | **угнете́ние** oppression |

## ЛЕ́НИН И РЕВОЛЮ́ЦИЯ 1917 ГО́ДА

И́мя Ма́ркса с са́мого нача́ла 70 годо́в ста́ло по́льзоваться значи́тельным уваже́нием среди́ ру́сской чита́ющей пу́блики. Уже́ в 1872 году́ был переведён на ру́сский язы́к "Капита́л" и его́ крити́ческий ана́лиз противоре́чий капиталисти́ческого стро́я был хорошо́ изве́стен ру́сской интеллиге́нции. Под влия́нием э́того ана́лиза пе́рвые ру́сские маркси́сты отверну́лись от крестья́нства, кото́рое отве́ргло и столь разочарова́ло наро́дников, и обрати́лись к фабри́чным рабо́чим как к дви́жущей си́ле в объекти́вном социа́льно-экономи́ческом проце́ссе.

Сле́дуя предсказа́ниям "Капита́ла," ру́сские маркси́сты счита́ли, что социали́зм бу́дет результа́том экономи́ческой необходи́мости, что он насту́пит благодаря́ вну́треннему, неизбе́жному разложе́нию капитали́зма. Тем не ме́нее, вопро́с о примене́нии истори́ческих тео́рий Ма́ркса к судьба́м ру́сского наро́да реша́лся в отрица́тельном смы́сле. Росси́я была́ всё ещё страно́й земледе́льческой, с подавля́ющим преоблада́нием крестья́нства, с отста́лой промы́шленностью и с о́чень немногочи́сленным пролетариа́том. Не тру́дно бы́ло сде́лать вы́вод, что э́ти усло́вия препя́тствовали, по кра́йней ме́ре в ближа́йшем бу́дущем, эволю́ции капитали́зма, предска́занной Ма́рксом и его́ перехо́ду в социали́зм.

Приспособле́ние маркси́зма к ру́сским усло́виям, призна́ние возмо́жности для Росси́и минова́ть зре́лую ста́дию капиталисти́ческого разви́тия и пря́мо перейти́ к социали́зму, до образова́ния многочи́сленного рабо́чего кла́сса, бы́ли сде́ланы Влади́миром Ильичём Ле́ниным. Ле́нин созда́тель ру́сского коммунисти́ческого движе́ния и револю́ции 1917 го́да.

Оте́ц Ле́нина был провинциа́льным чино́вником, дослужи́вшимся до генера́льского чи́на и дворя́нства. Пе́рвым толчко́м, кото́рый определи́л революцио́нное отноше́ние Ле́нина к ми́ру и жи́зни, была́ казнь его́ бра́та, заме́шанного в 1887 году́ в террористи́ческом де́ле.

Ле́нин не теоре́тик маркси́зма, а теоре́тик револю́ции. Он интересова́лся лишь одно́й те́мой—вопро́сом о захва́те вла́сти, о стяжа́нии для э́того всех сил. С э́тим свя́зана прямолине́йность, у́зость его́ миросозерца́ния, элемента́рность его́ ло́зунгов, обращённых к ма́ссам. Он оди́н, задо́лго до револю́ции, ду́мал о том, что бу́дет и что де́лать, когда́ власть бу́дет завоёвана, и как организова́ть власть. Он допуска́л все сре́дства для борьбы́, для достиже́ния це́лей револю́ции. Добро́ бы́ло для него́ всё, что слу́жит револю́ции, зло—всё, что ей меша́ет. Он пропове́дывал жесто́кую поли́тику, хотя́ ли́чно не́ был жесто́ким челове́ком.

Ле́нин потому́ мог стать вождём револю́ции и реализова́ть свой давно́ вы́работанный план, что он был типи́чно ру́сским челове́ком, а не типи́чно ру́сским интеллиге́нтом. В его́ хара́ктере бы́ли черты́ типи́чные для просто́го ру́сского наро́да: простота́, це́льность, грубова́тость, практи́чность мы́сли. В свое́й ли́чной жи́зни Ле́нин люби́л поря́док и дисципли́ну, люби́л сиде́ть до́ма и рабо́тать, не любил бесконечных споров в кафе, к которым имела такую склонность русская радикальная интеллигенция. В философии, в искусстве, в духовной культуре Ленин был очень отсталый и элементарный человек. Многое было ему недоступно и неизвестно.

Для Ленина марксизм прежде всего был учением о диктатуре пролетариата. Поэтому, вопреки теориям Маркса, он видел в политической и экономической отсталости России преимущество для осуществления социальной революции. В стране, не привыкшей к правам и свободе граждан, легче осуществить диктатуру, чем в странах с развитым демократическим строем. В стране с мало развитым капитализмом легче организовать экономическую жизнь согласно коммунистическому плану.

В марксизме Ленина пролетариат, столь ещё немногочисленный в России, перестал быть эмпирической реальностью и стал идеей пролетариата. Носителем идеи может быть незначительное меньшинство. С 1905 года Ленин организует в главных промышленных центрах России сеть зачаточных органов диктатуры пролетариата, так называемых "Советов рабочих депутатов." Депутаты были выбраны из всех фабрик и заводов данного города. Отсюда впоследствии произошло название Советской России. А Петербург переименовали в Ленинград.[1]

Миф о народе, ранее вдохновляющий народников 70 годов, был заменён мифом о пролетариате. Различие между "буржуем" и "пролетарием" стало различием между злом и добром, несправедливостью и справедливостью, между заслуживающим порицания и одобрения. И в этом мифе по новому восстановился миф о русском народе: крестьянство, от которого отвернулись первые русские марксисты, в марксизме Ленина опять стало важнейшей силой. Оно было объявлено революционным классом и ближайшим союзником пролетариата.

Тем самым подготовленная Лениным революция приобретала стихийный размах. В начале 20 века две трети

---

[1] Во время Первой мировой войны Петербург назывался Петроградом.

крестья́нства состоя́ли из "бедняко́в," т. е. жи́ли о́чень бе́дно и несомне́нно жела́ли радика́льных переме́н. Кро́ме того́, ру́сские крестья́не вообще́ всегда́ счита́ли присвое́ние земли́ дворя́нами тако́й же несправедли́востью, как и крепостно́е пра́во. Коллекти́вное владе́ние землёй бы́ло бо́лее сво́йственно ру́сскому наро́ду, благодаря́ существова́нию крестья́нской общины. Крестья́не мечта́ли о переде́ле земли́. Ру́сская коммунисти́ческая револю́ция и соверши́ла э́тот переде́л, отобра́в всю зе́млю у дворя́н и у ча́стных владе́льцев, и переда́в её крестья́нам.

Ору́дием для осуществле́ния диктату́ры пролетариа́та Ле́нин сде́лал коммунисти́ческую па́ртию. Це́лью Ле́нина бы́ло созда́ние си́льной организа́ции, представля́ющей хорошо́ дисциплини́рованное меньшинство́. Са́мая организа́ция па́ртии была́ уже́ диктату́рой, ка́ждый член па́ртии был подчинён центра́льной и верхо́вной вла́сти вождя́. Отрица́ние Ле́ниным свобо́ды внутри́ па́ртии не обошло́сь без сопротивле́ния его́ сотру́дников.

На состоя́вшемся в Ло́ндоне в 1903 году́ съе́зде па́ртии—тогда́ изве́стной под назва́нием Социа́л-демокра́тов—произошёл раско́л на Большевико́в, подде́рживающих Ле́нина, и Меньшевико́в, восстаю́щих про́тив него́. Первонача́льно, сло́во большевики́ бы́ло соверше́нно бесцве́тно и означа́ло то́лько сторо́нников большинства́. Но постепе́нно оно́ приобрело́ символи́ческий смысл. Со сло́вом большевики́ свя́зывается поня́тие си́лы, со сло́вом меньшевики́—уже́ не про́сто меньшинство́, а поня́тие сравни́тельной сла́бости. В бу́рной стихи́и револю́ции 1917 го́да, восста́вшие наро́дные ма́ссы пленя́лись большеви́змом как си́лой, кото́рая бо́льше даст, в то вре́мя как меньшеви́зм представля́лся сла́бым, наме́ренным дать наро́ду ме́ньше.

Ру́сская коммунисти́ческая револю́ция в значи́тельной сте́пени была́ определена́ Пе́рвой мирово́й войно́й и её неуда́чным для Росси́и исхо́дом. Э́то был са́мый благоприя́тный моме́нт для произво́дства о́пыта коммунисти́ческой револю́ции. Война́ спосо́бствовала побе́де Ле́нина. И́менно война́ с её на́выками, ме́тодами и пережива́ниями породи́ла но́вый тип ру́сского интеллиге́нта. Появи́лся но́вый тип милитаризо́ванного челове́ка. В отли́чие от ста́рого ти́па интеллигента он был гладко выбрит, подтянут, сдержан, с твёрдой походкой. Он имел вид завоевателя, который не стесняется в средствах и всегда готов к насилию, одержим волей к власти и хочет быть не только разрушителем и критиком, но и строителем и организатором. Именно такие люди из рабочих и крестьян нужны были Ленину, чтобы сделать революцию. Её нельзя было бы сделать с мечтательным, сострадательным, мягким и добрым типом старой интеллигенции 19 века.

Большевизм вошёл в русскую жизнь, как в высшей степени милитаризованная сила. Проблема власти была основной и центральной у Ленина. Но такой же она бывала и раньше в русской истории, во времена московского государства и Петра Великого. Ленин соединил в себе две исторические традиции: традицию русской интеллигенции, состоящей в искании справедливого порядка жизни, и традицию русской государственной власти, склонной к неограниченному самодержавию и деспотизму. В 19 веке эти две традиции и их носители—интеллигенция и правительство—находились в смертельной вражде и борьбе. В 20 веке Ленин их соединил.

Насилие над людьми, диктатуру, Ленин считал временным явлением. Он думал, что государство отомрёт, когда под влиянием принуждения, люди привыкнут соблюдать элементарные условия общественности, приспособятся к новым условиям. Ленин не признавал в человеке никакого внутреннего начала, не верил в дух и свободу духа. Но он бесконечно верил в общественную муштровку человека, верил, что принудительная общественная организация может создать какого угодно нового человека. Одного он не предвидел—что диктатура пролетариата, усилив государственную власть, может принять совершенно новые формы классового угнетения. Это процесс, который развился в Советской России при преемнике Ленина, Иосифе Виссарионовиче Сталине.

# 27

осуществле́ние realization,
  conversion into reality
разоре́ние devastation
восстановля́ть to restore
  восстанови́ть (perf.)
изли́шек surplus
усту́пка concession
уси́ливаться to gather
  strength
хи́трость (f.) cunning
ту́ловище torso
бспина pock mark
связь (f.) connection

жа́жда thirst
мощь (f.) might
кирпи́ч brick
усоверше́нствовать to
  perfect
ра́мка frame, framework
о́трасль (f.) branch
держа́ва power (nation)
располага́ть to dispose
зажи́точный well-to-do
го́лод famine
спрос demand
схо́дство resemblance

## СОЦИА́ЛЬНЫЙ СТРОЙ СО́ЗДАННЫЙ СТА́ЛИНЫМ

Большеви́стская па́ртия, кото́рую в тече́ние мно́гих лет
создава́л Ле́нин, должна́ была́ дать образе́ц но́вой орга-
низа́ции всей страны́. Ле́нин не до́жил до осуществле́ния
э́того пла́на. Наоборо́т, в после́дние го́ды жи́зни ему́
пришло́сь отступи́ть от социалисти́ческого переустро́йства
Росси́и. Разоре́ние и упа́док произво́дственных сил, вы́-
званные потеря́ми во вре́мя Пе́рвой мирово́й войны́, а зате́м
гражда́нской войно́й и иностра́нной вое́нной интерве́нцией
1918–20 годо́в, заста́вили Ле́нина провозгласи́ть, в 1921
году́, "Но́вую экономи́ческую поли́тику," изве́стную под
сокраще́нием Нэп.

При Нэ́пе в изве́стных преде́лах была́ восстано́влена
свобо́да ча́стной торго́вли. Крестья́нам разреша́лась сво-
бо́дная прода́жа изли́шков их произво́дства на ры́нке. А

149

ча́стным предпринима́телям бы́ло разрешено́ открыва́ть ме́лкие промы́шленные предприя́тия. Э́ти ме́ры способство́вали восстановле́нию наро́дного хозя́йства.

Несмотря́ на части́чные усту́пки капитали́зму и иде́е ча́стной со́бственности, сде́ланные при Нэ́пе, госуда́рственная власть, осно́ванная на диктату́ре пролетариа́та, продолжа́ла уси́ливаться. Неизбе́жным после́дствием э́того явле́ния бы́ло разви́тие бы́стро расту́щей бюрокра́тии, находя́щейся в зави́симости и под руково́дством коммунисти́ческой па́ртии. И́менно при э́той нараста́ющей бюрократиза́ции Сове́тской Росси́и сложи́лся и осуществи́лся план Ста́лина захвати́ть власть.

До револю́ции 1917 го́да Ста́лин игра́л в па́ртии ничто́жную роль, послу́шно исполня́я во́лю и поруче́ния Ле́нина. Но уже́ тогда́ он отлича́лся исключи́тельной практи́ческой хи́тростью и беспринци́пностью, никогда́ не остана́вливаясь ни пе́ред каки́ми сре́дствами.

Ста́лин был челове́к ро́ста ни́же сре́днего, с дли́нным ту́ловищем и коро́ткими нога́ми, с кре́пким сложе́нием, с лицо́м покры́тым о́спинами, с ма́ленькими, тёмно-ка́рими глаза́ми и ни́зким лбом. По у́мственным спосо́бностям он стоя́л ни́же сре́днего у́ровня парти́йного рабо́тника, был ма́ло культу́рным и ма́ло образо́ванным челове́ком.

По́сле револю́ции 1917 го́да, Ста́лин терпели́во завя́зывает ли́чные свя́зи в парти́йной верху́шке. В 1922 году́ он ока́зывается подходя́щим кандида́том на ме́сто секретаря́ па́ртии. Под коне́ц жи́зни Ле́нин переста́л доверя́ть Ста́лину, неоднокра́тно осужда́л его́ и наме́ревался его́ смени́ть, но у́мер в 1924 году́ не осуществи́в э́того реше́ния.

По́сле сме́рти Ле́нина Ста́лин продолжа́ет поднима́ться в парти́йной иера́рхии. Он бьёт проти́вников не рассужде́нием, а голоса́ми, зара́нее подо́бранными в ряда́х парти́йной бюрокра́тии. Отстрани́в своего́ гла́вного врага́, Тро́цкого, от вла́сти сра́зу по́сле сме́рти Ле́нина, он зате́м принима́ется за свои́х вре́менных сою́зников, Зино́вьева и Ка́менева. Его́ ме́тод—удаля́ть си́льных сопе́рников и собира́ть вокру́г себя́ послу́шных, зави́симых люде́й. Всё подчиня́ется его́ жа́жде вла́сти. С 1927 го́да Ста́лин стано́вится самовла́стным прави́телем и принима́ется за строи́тельство социалисти́ческого о́бщества, за организа́цию всей страны́ по образцу́ стро́я большеви́стской па́ртии.

Ле́нин отрица́л свобо́ду внутри́ па́ртии и э́то отрица́ние свобо́ды бы́ло перенесено́ Ста́линым на всю страну́. Весь ру́сский наро́д оказа́лся подчинённым не то́лько диктату́ре коммунисти́ческой па́ртии и её центра́льному о́ргану, но и доктри́не самого́ дикта́тора. Отрица́ется свобо́да мы́сли и со́вести. Вы́сшей це́нностью признаётся не челове́к и его́ ли́чное благополу́чие, а экономи́ческая мощь госуда́рства. Ли́чность рассма́тривается лишь как сре́дство и ору́дие для э́той це́ли, как кирпи́ч, ну́жный для строи́тельства социалисти́ческого о́бщества.

При Ста́лине бы́ли устро́ены многочи́сленные концентрацио́нные лагеря́, гла́вным о́бразом на се́вере, вдоль Беломо́рского побере́жья, и в отдалённых частя́х Сиби́ри. Заключённые стро́или кана́лы, рабо́тали в каменноу́гольных ша́хтах и обслу́живали ра́зные промы́шленные предприя́тия. К середи́не 30 годо́в число́ ла́герников, по всей вероя́тности, дошло́ до пяти́ миллио́нов челове́к и возросло́, накану́не Второй мирово́й войны́, до десяти́ миллио́нов.

Вла́стное принужде́ние как гла́вное ору́дие социа́льной револю́ции бы́ло офо́рмлено Ле́ниным. Ста́лин разви́л, усоверше́нствовал и примени́л э́то ору́дие уже́ не в ра́мках одно́й коммунисти́ческой па́ртии, а в преде́лах всего́ сове́тского госуда́рства. Но он та́кже воспо́льзовался вторы́м насле́дием Ле́нина: традицио́нной мечто́й, руководя́щей ру́сской интеллиге́нцией с са́мого нача́ла её возникнове́ния, об устро́ении лу́чшей, справедли́вой жи́зни. Сознава́я, что организова́ть власть, подчини́ть себе́ ма́ссы нельзя́ одно́й си́лой и чи́стым наси́лием, Ста́лин создаёт си́мвол и иде́ю для обще́ственного еди́нства. Он провозглаша́ет иде́ю о построе́нии социали́зма в одно́й стране́: т. е. в Сове́тском Сою́зе, и объявля́ет, для руково́дства э́тим строи́тельством с 1929 го́да, пятиле́тние пла́ны разви́тия всех о́траслей наро́дного хозя́йства.

Эти пла́ны игра́ют роль принуди́тельных зако́нов. Выполне́ние предпи́санных объёмов произво́дства явля́ется для всех и ка́ждого обяза́тельной до́лжностью. Но э́тим принужде́нием далеко́ не исче́рпывается значе́ние пятиле́ток. Пятиле́тний план был не то́лько тре́звой, сухо́й, прозаи́ческой, статисти́ческой реа́льностью. В созна́нии наро́да он превраща́ется, в осо́бенности по нача́лу, в вдохновля́ющую, поэти́ческую, тво́рческую мечту́, в ору́дие и сре́дство для акти́вного измене́ния жи́зни, для созда́ния мо́щной, бога́той, промы́шленной страны́.

Гла́вное внима́ние пятиле́ток обращено́ на уско́ренное, гига́нтское разви́тие промы́шленности, пре́жде всего́ тяжё́лой инду́стрии. Ну́жды наро́да, лёгкая промы́шленность, производя́щая предме́ты широ́кого потребле́ния, далеко́ отступа́ют на за́дний план по сравне́нию с постро́йкой ка́менно-у́гольных шахт, нефтяны́х про́мыслов, желе́зных и ме́дных ру́дников, электри́ческих ста́нций и машиностро́ительных заво́дов. Из земледе́льческой страны́ Сове́тская Росси́я превраща́ется в промы́шленную держа́ву.

Одновре́менно с бы́строй индустриализа́цией Ста́лин провё́л радика́льную реорганиза́цию крестья́нства созда́нием коллекти́вных хозя́йств и́ли колхо́зов. Ча́стные и ме́лкие о́бщинные крестья́нские хозя́йства бы́ли переведены́ и соединены́ в кру́пные земледе́льческие предприя́тия, осно́ванные на механиза́ции произво́дства, т. е. располага́ющие тра́кторами, комба́йнами и други́ми се́льско-хозя́йственными маши́нами.

Коллективиза́ция дере́вни представля́ла собо́й глубоча́йший обще́ственный переворо́т, це́лую но́вую револю́цию. Она́ проводи́лась не то́лько для того́, чтобы осуществи́ть механиза́цию се́льского хозя́йства и тем са́мым повы́сить земледе́льческое произво́дство, но та́кже для того́, чтобы уничто́жить ча́стную со́бственность на сре́дства произво́дства и тем са́мым укрепи́ть госуда́рственный контро́ль над земледе́лием. Накану́не Пе́рвой мирово́й войны́ зажи́точные крестья́не—кулаки́ составля́ли 15% всего́ се́льского населе́ния, а крестья́не сре́днего доста́тка—20%. При Нэ́пе ча́стные элеме́нты в дере́вне опя́ть получи́ли возмо́жность расти́ и развива́ться. Когда́ прави́тельство на́чало их наси́льно загоня́ть в колхо́зы, они́ оказа́ли упо́рное сопротивле́ние, обрати́вшееся в жесто́кую, крова́вую борьбу́ и разоре́ние дере́вни. То́чных да́нных о числе́ поги́бших в э́той но́вой, агра́рной револю́ции нет, но встреча́ются ци́фры от пяти́ до двена́дцати миллио́нов крестья́н.

После́довавший зате́м в 1932–33 году́ го́лод та́кже унёс в моги́лу не́сколько миллио́нов челове́к.

Но́вое, колхо́зное крестья́нство сближа́ется, по своему́ положе́нию, и о́бразу жи́зни, с кла́ссом промы́шленных рабо́чих. Крестья́не, как и рабо́чие, тру́дятся на госуда́рственных предприя́тиях (колхо́з лишь форма́льно чи́слится обще́ственным предприя́тием), находя́щихся в по́лном распоряже́нии коммунисти́ческой па́ртии. Крестья́не, как и рабо́чие, явля́ются исполни́телями еди́ного наро́днохозя́йственного пла́на и веду́т свою́ рабо́ту в соотве́тствии с э́тим обяза́тельным для них пла́ном. Крестья́не, как и рабо́чие, явля́ются принуди́тельно организо́ванной рабо́чей си́лой. Они́ прикреплены́ к ме́сту свое́й рабо́ты, подчинены́ парти́йным надсмо́трщикам и не име́ют пра́ва отка́зываться от рабо́ты и меня́ть ме́сто рабо́ты.

Тре́тьим основны́м кла́ссом, по́сле крестья́н и рабо́чих, явля́ется сове́тская интеллиге́нция. По объёму э́тот класс превосхо́дит во мно́го раз ста́рую дореволюцио́нную интеллиге́нцию. Бы́стрый рост индустриализа́ции со́здал грома́дный спрос на люде́й с вы́сшим техни́ческим и академи́ческим образова́нием. Но по своему́ положе́нию э́тот класс стои́т, как крестья́не и рабо́чие, в по́лной материа́льной зави́симости от прави́тельства и под его́ иде́йным контро́лем. Интеллиге́нция преврати́лась в служи́лый класс специали́стов по культу́рным дела́м. Гла́вная их зада́ча состои́т в том, что они́ должны́ помога́ть прави́тельству в перевоспита́нии масс, в возде́йствии на мышле́ние наро́да, в созда́нии но́вого ти́па челове́ка, гото́вого бесприкосло́вно слива́ться с коллекти́вом и ста́вить служе́ние госуда́рству вы́ше свои́х ли́чных интере́сов. Сове́тские писа́тели пря́мо называ́лись Ста́линым "инжене́рами челове́ческой души́."

По своему́ стро́ю, со́зданное Ста́линым госуда́рство име́ло большо́е схо́дство с моско́вским крепостны́м ца́рством 17 ве́ка. Все кла́ссы населе́ния поста́влены в крепостну́ю зави́симость от госуда́рства. На Руси́ жить тогда́ зна́чило служи́ть. Это ве́рно и сейча́с, с той ра́зницей, что совреме́нные ме́тоды и приёмы принужде́ния неизмери́мо возросли́ по сравне́нию с про́шлым.

# 28

итог  sum total
уровень (m.)  level
давление  pressure
обучение  instruction
усилие  effort
примкнуть  to join
  perf. of: примыкать
рабство  slavery
порабощение  enslavement
проявление  display, mani-
  festation
ослаблять  to weaken
  ослабить (perf.)

барсук  badger
страдание  suffering
разгром  havoc, devastation
размер  meter (of verse), also:
  dimension, size
самоубийство  suicide
упадок  decline
взыскание  penalty
оттепель (f.)  thaw
изгнание  expulsion
наблюдать  to observe
ложь (f.)  lie
сомневаться  to doubt

## СОВЕТСКАЯ КУЛЬТУРА

Рассматривая итоги советской культуры, необходимо раз-
личать два вопроса. Во первых, насколько поднялся
культурный уровень народных масс, насколько выросли
и распространились грамотность, образование, знания,
усвоение культурных памятников и художественных цен-
ностей? Во вторых, что происходит в области нового
творчества? Создаются ли новые культурные достижения и, если они имеются, то в каких отраслях культуры?
Как действует давление правительства, отрицание свободы мысли и слова, на творческие силы народа?

Ответ на первый вопрос является положительным. В
области культурного просвещения широких масс достиг-
нуты серьёзные успехи. Советское правительство уделило
большое внимание ликвидации неграмотности и введению

всео́бщего, беспла́тного, первонача́льного обуче́ния. На-
ряду́ с организа́цией нача́льных школ прави́тельство
употребля́ет больши́е уси́лия для разви́тия сре́дних школ
и вы́сших уче́бных заведе́ний, ву́зов. О́чень значи́тель-
ные сре́дства выделя́ются на нау́чную рабо́ту и нау́чные
учрежде́ния, но та́кже на расшире́ние се́ти теа́тров, кино́
и музе́ев.

Все э́ти уси́лия исхо́дят из соображе́ния, что от воспи-
та́ния бу́дущих поколе́ний зави́сит закрепле́ние всего́
того́, что бы́ло со́здано и перестро́ено револю́цией. На-
ро́дное образова́ние поэ́тому явля́ется пре́жде всего́ поли-
ти́ческим. Во всех свои́х о́траслях оно́ осно́вано на
обяза́тельном обуче́нии диалекти́ческого материали́зма,
тео́рий Ма́ркса и Ле́нина и исто́рии коммунисти́ческой
па́ртии. Произведе́ния, посвящённые э́тим вопро́сам, из-
даю́тся и расхо́дятся ма́ссовыми тира́жами в не́сколько
миллио́нов экземпля́ров. Но и худо́жественная литерату́ра
име́ет свою́ многомиллио́нную чита́ющую пу́блику. Не
то́лько сове́тские писа́тели, но и ру́сские кла́ссики 19 ве́-
ка и мно́гие переведённые произведе́ния мирово́й лите-
рату́ры и́зданы миллио́нными тира́жами. В осо́бенности
Пу́шкин и Толсто́й по́льзуются огро́мной популя́рностью.

Отве́т на второ́й вопро́с, встаю́щий при обзо́ре сове́тской
культу́ры, вопро́с о состоя́нии но́вого сове́тского тво́р-
чества, гора́здо сложне́е. Больши́е тво́рческие дости-
же́ния сде́ланы сове́тскими учёными в о́бласти нау́ки и
те́хники. Поско́льку рабо́та едини́чного челове́ка не про-
тиворе́чит генера́льной ли́нии коммунисти́ческой па́ртии,
поско́льку она́, наоборо́т, способ́ствует разви́тию про-
мы́шленной, техни́ческой, и в осо́бенности вое́нной мо́щи
госуда́рства, она́ получа́ет ще́друю подде́ржку от прави́-
тельства. В э́том направле́нии и в ука́занных преде́лах,
ли́чности предоставля́ется свобо́да тво́рчества.

Э́то кру́пное, но не еди́нственное проявле́ние куль-
ту́рных достиже́ний. Ря́дом с многочи́сленными фигу́рами
нау́чных и техни́ческих творцо́в в сове́тской культу́ре
та́кже выделя́ются одино́кие фигу́ры лиц, созда́вших
себе́ и́мя ещё до револю́ции и продолжа́вших своё твор́-
чество в Росси́и при сове́тской вла́сти. Гла́вными явля́-

ю́тся писа́тель Макси́м Го́рький и компози́тор Серге́й Серге́евич Проко́фьев.

Макси́м Го́рький счита́ется родонача́льником сове́тской литерату́ры. Он был пе́рвым среди́ кру́пных писа́телей 19 ве́ка, кото́рый вы́шел из низо́в о́бщества. С пе́рвых свои́х расска́зов, появи́вшихся в 1890 года́х, он воспе́л си́лу, тала́нт и мора́льные ка́чества босяко́в и бродя́г, находя́щихся "на дне" жи́зни, но сохрани́вших ве́ру в досто́инство и тво́рческие си́лы Челове́ка. Го́рький примкну́л к революцио́нному движе́нию, призыва́я наро́д в свои́х произведе́ниях восста́ть про́тив "ра́бства де́нег," кото́рое пришло́ в Росси́ю на сме́ну "ра́бства земли́." На рост ча́стной промы́шленности и капитали́зма Го́рький смотре́л, как на но́вое порабоще́ние наро́да, кото́рое смени́ло бы́вшее, дереве́нское крепостно́е пра́во.

В социалисти́ческом о́бществе Го́рький наде́ялся и мечта́л уви́деть небыва́лый расцве́т свобо́ды челове́ческой ли́чности. Необходи́мо отме́тить, что по́сле револю́ции Го́рький не посвяти́л ни одного́ худо́жественного произведе́ния изображе́нию Сове́тской Росси́и (в кото́рой его́ мечта́ о свобо́де ли́чности не осуществля́лась), а продолжа́л, до са́мой свое́й сме́рти в 1936 году́, писа́ть о "тёмном ца́рстве" дореволюцио́нных купцо́в, промы́шленников и консервати́вных интеллиге́нтов.

Проко́фьев с 1908 го́да на́чал выступа́ть как пиани́ст с исполне́нием свои́х произведе́ний, пленя́я свое́й све́жестью, мо́лодостью и жизнера́достностью. Во вре́мя револю́ции он поки́нул Росси́ю и верну́лся туда́ то́лько в 1932 году́. Он за́нял ва́жное ме́сто в сове́тской музыка́льной культу́ре, в осо́бенности в о́бласти о́перного и бале́тного тво́рчества и му́зыки к ря́ду выдаю́щихся кинофи́льмов, наприме́р к фи́льмам "Алекса́ндр Не́вский" и "Ива́н Гро́зный." В нача́ле Второ́й мирово́й войны́ рома́н Толсто́го "Война́ и мир" вдохнови́л Проко́фьева написа́ть о́перу того́ же назва́ния.

Тре́тье проявле́ние тво́рческих сил в сове́тской культу́ре свя́зано с переме́ной в полити́ческой обстано́вке. Появле́ние худо́жественных произведе́ний бы́ло после́дствием, результа́том э́тих переме́н, а не самостоя́тель-

ной, дви́жущей си́лой культу́рного подъёма. В разви́тии
Сове́тской Росси́и бы́ло два пери́ода, когда́ давле́ние
прави́тельства на наро́д бы́ло осла́блено. Пе́рвый тако́й
моме́нт отступле́ния от при́нципа по́лного вла́стного
принужде́ния наста́л с объявле́ния Ле́ниным Нэ́па[1] в
1921 году́, второ́й—по́сле сме́рти Ста́лина в 1953 году́. Оба
ра́за после́довало оживле́ние тво́рческой мы́сли, вы́шли
многочи́сленные живы́е, оригина́льные худо́жественные
произведе́ния, в осо́бенности в о́бласти литерату́ры.

Для книг появи́вшихся во вре́мя Нэ́па характе́рно
правди́вое описа́ние мучи́тельных страда́ний, жертв и
потрясе́ний, кото́рых потре́бовала револю́ция. В 1924
году́ появля́ется рома́н Леони́да Макси́мовича Лео́нова
"Барсуки́," кото́рый даёт я́ркую карти́ну крестья́нского
сопротивле́ния наме́рениям сове́тской вла́сти собра́ть с
дере́вни непоси́льный для крестья́н нало́г. В 1925 году́
Алекса́ндр Алекса́ндрович Фаде́ев начина́ет писа́ть "Раз-
гро́м"—психологи́ческий ана́лиз партиза́нского отря́да во
вре́мя гражда́нской войны́. Эта психоло́гия то́нко изобра-
жена́ не то́лько в положи́тельных, но и отрица́тельных
проявле́ниях и отте́нках. В том же, 1925 году́, изве́ст-
нейший сове́тский писа́тель Михаи́л Алекса́ндрович
Шо́лохов начина́ет рабо́тать над эпи́ческим рома́ном
"Ти́хий Дон." Центра́льная те́ма—вну́тренние колеба́ния
гла́вного геро́я, казака́ Григо́рия Ме́лихова, ме́жду но́вой
и ста́рой жи́знью, ме́жду сторо́нниками революцио́нного
движе́ния и его́ проти́вниками.

К пери́оду Нэ́па та́кже отно́сится тво́рчество сове́тского
поэ́та Влади́мира Влади́мировича Маяко́вского. Мая-
ко́вский стреми́лся сде́лать иску́сство ма́ссовым досто-
я́нием, созда́ть но́вую, агитацио́нную поэ́зию "площаде́й
и у́лиц," обращённую к ма́ссам и досту́пную им. Он
вводи́л разгово́рную речь, ора́торские призы́вы, поли-
ти́ческий и бытово́й слова́рь в свою́ поэ́зию и прида́л
стиху́ но́вые фо́рмы ритми́ческого разнообра́зия, смеши-
вая ра́зные разме́ры—ямб, хоре́й и други́е. В 1930 году́
Маяко́вский поко́нчил жизнь самоуби́йством.

---

[1] См. гл. 25, стр. 138–39.

При Ста́лине давле́ние вла́сти на направле́ние наро́дного тво́рчества бы́ло про́чно устано́влено и привело́ к ре́зкому упа́дку худо́жественного досто́инства характе́рных для э́того пери́ода произведе́ний. Те́мы тво́рчества тепе́рь оффициа́льно задаю́тся прави́тельством не то́лько писа́телям, но и худо́жникам и да́же компози́торам. Гла́вные сюже́ты: жизнь коммунисти́ческой па́ртии, её борьба́ за генера́льную ли́нию, созда́ние промы́шленной ба́зы, социалисти́ческая переде́лка дере́вни, ликвида́ция кула́чества как кла́сса. Писа́телям предлага́ют переста́ть быть худо́жниками и преврати́ться в пропаганди́стов прави́тельства. Невыполне́ние парти́йного зака́за нере́дко приводи́ло к суро́вым взыска́ниям. Да́же му́зыка не избежа́ла полити́ческого давле́ния. Крупне́йший сове́тский компози́тор Дми́трий Дми́триевич Шостако́вич в 40 года́х подве́ргся суро́вой кри́тике за "субъективи́зм настрое́ний и чрезме́рное усложне́ние музыка́льного языка́."

Есть писа́тели, кото́рые чу́вствуют себя́ настоя́щими худо́жниками и перестаю́т писа́ть. Выдаю́щийся поэ́т Бори́с Леони́дович Пастерна́к прекраща́ет тво́рческую рабо́ту и занима́ется перево́дами—сперва́ грузи́нских поэ́тов, пото́м "Фа́уста" Гёте и зате́м Шекспи́ровских траге́дий. Характе́рно его́ замеча́ние: "Маяко́вский застрели́лся, а я перевожу́."

Но есть и отде́льные ли́чности, кото́рые име́ют му́жество откры́то критикова́ть прави́тельственную поли́тику в о́бласти иску́сства. В 1937 году́ режиссёр Все́волод Ме́йерхольд, созда́вший себе́ и́мя ещё до револю́ции,[2] и ста́вший гла́вным дире́ктором сове́тских театра́льных предприя́тий по́сле револю́ции, публи́чно вы́ступил про́тив "жа́лких, се́рых, ску́чных спекта́клей, потряса́ющих свое́й безда́рностью," про́тив уничтоже́ния иску́сства, без кото́рого не мо́жет быть теа́тра. Вско́ре по́сле э́того выступле́ния Ме́йерхольд был аресто́ван и бессле́дно пропа́л.

По́сле сме́рти Ста́лина наступи́л второ́й пери́од смягче́ния прави́тельственного давле́ния на наро́д, так называ́емая "о́ттепель." Э́та о́ттепель име́ла осо́бое значе́ние

---

[2] См. гл. 22.

и си́лу, потому́ что она́ наступи́ла вслед за истори́чес-
кими впечатле́ниями, вы́несенными ру́сским наро́дом из
Второ́й мирово́й войны́. В Сове́тской Росси́и э́та война́
называ́ется Вели́кой, и́ли Второ́й, отéчественной войно́й.
Пе́рвой бы́ло наше́ствие Наполео́на в 1812 году́. Парал-
ле́ль в назва́нии осно́вана на том, что гла́вной це́лью
вое́нных де́йствий Росси́и в обо́их слу́чаях бы́ло изгна́ние
врага́ с отéчественной террито́рии. Но паралле́ль при-
мени́ма и для друго́го сравне́ния. Наполео́новские во́йны,
похо́ды ру́сских войск в Евро́пу, впервы́е да́ли ру́сскому
о́бществу возмо́жность непосре́дственно ознако́миться с
за́падноевропе́йскими поря́дками и сравни́ть их с ру́с-
скими. Отсю́да вы́шли Декабри́сты,[3] тут нахо́дятся исто́ки
ру́сской интеллиге́нции.[4]

То же са́мое повтори́лось, в бо́лее широ́ком масшта́бе,
во вре́мя и по́сле оконча́ния Второ́й мирово́й войны́.
Заграни́чные похо́ды сове́тской а́рмии впервы́е да́ли ши-
ро́ким ма́ссам сове́тских солда́т-гра́ждан возмо́жность
непосре́дственно наблюда́ть чужи́е поря́дки. Всё, что
они́ ви́дели, они́ сра́внивали не то́лько с действи́тель-
ностью в Сове́тской Росси́и, но и с тем, что сове́тское
прави́тельство сообща́ло им о жи́зни и лю́дях заграни́цей.

Вы́воды из э́тих наблюде́ний и сравне́ний стоя́т в це́нтре
тех у́мственных броже́ний и иска́ний, кото́рые наро́д
получи́л возмо́жность хоть части́чно выска́зывать по́сле
сме́рти Ста́лина. Са́мое значи́тельное произведе́ние э́того
вре́мени—рома́н Бори́са Леони́довича Пастерна́ка "До́к-
тор Жива́го," за кото́рый а́втору в 1958 году́ была́ при-
суждена́ Но́белевская пре́мия. От э́той чéсти писа́тель
принуждён был отказа́ться ввиду́ суро́вой кри́тики, под-
ня́вшейся про́тив него́ в Сове́тском Сою́зе. Гла́вное лицо́
рома́на, до́ктор медици́ны Жива́го—иску́сный диагно́ст,
кото́рый ре́дко ошиба́ется в своём определе́нии боле́зни.
Неду́г, кото́рый Жива́го рассма́тривает с объекти́вностью
учёного и с бо́лью челове́ка, стра́стно лю́бящего жизнь,
э́то порабоще́ние мы́сли и сло́ва в Сове́тской Росси́и.

---

[3] См. гл. 16, стр. 82–83.
[4] См. гл. 17, стр. 86–91.

Лечéние от этой болéзни диагнóст Живáго нахóдит в христиáнской релúгии и её учéнии о достóинстве и духóвной свобóде человéческой лúчности.

Другóе вáжное произведéние перúода "óттепели"— ромáн Владúмира Дудúнцева "Не хлéбом едúным" (словá взáты из Евáнгелия), появúвшейся в концé 1956 гóда. В этой кнúге стоúт знаменáтельная фрáза: "Кто научúлся дýмать, тогó пóлностью лишúть свобóды нельзя." Это говорúт герóй ромáна пóсле своегó возвращéния из сибúрского концлáгеря.

Éсли оглянýться на исторúческий путь, прóйденный рýсской мýслью, то эти словá приобретáют величáйшее значéние. Дýмать знáчит искáть прáвды. В новéйших произведéниях совéтской литератýры это слóво неоднокрáтно повторяется. Нарóд úщет прáвды. Он úщет её в тех двух значéниях, котóрые это слóво имéет на рýсском языкé.[5] Он знáет, что соврéменное совéтское óбщество не оснóвано на справедлúвости, что человéк порабощён, как нигдé в мúре, что свобóда являéтся достоянием привилегирóванного меньшинствá коммунистúческой аристокрáтии. И рýсский нарóд тáкже знáет, что мнóгие правúтельственные сообщéния о жúзни за рубежóм и в самóй странé не соотвéтствуют действúтельности, а оснóваны на лжи.

В начáле 1963 гóда молодóй совéтский поэт Евгéний Евтушéнко вúсказался прóтив понятия "óттепели," считáя, что то, что происхóдит в культýрном развúтии совéтского нарóда ужé не óттепель, а настоящая веснá. Веснá, прáвда, трýдная; онá развивáется мéдленно, прерывáемая запоздáлыми морóзами и холóдными вéтрами, но всё же онá неотвратúма.

Характéрная чертá этой веснú, проявляющаяся не тóлько в поэзии Евтушéнко и другúх молодúх поэтов, но и в прóзе новéйших совéтских писáтелей, это чýвство гумáнности, любвú и сострадáния к человéческой лúчности, т.е. возрождéние той сáмой кореннóй идéи, котóрая вдохновлялá всю рýсскую интеллигéнцию 19 вéка. Ярким примéром

---

[5] См. стр. 87.

э́того возрожде́ния мо́жет послужи́ть по́весть Алекса́ндра Солжени́цына "Оди́н день Ива́на Дени́совича," опи́сывающая жизнь в концла́гере ста́линского вре́мени и вызыва́ющая не то́лько глубо́кое сочу́вствие к муче́ниям заключённых, но и восхище́ние пе́ред си́лой во́ли гла́вного геро́я и его́ стра́стным жела́нием вы́жить и преодоле́ть бесчелове́чные лише́ния.

# 29

**разоблаче́ние** exposure, unmasking
**осужде́ние** censure
**восхвале́ние** eulogy
**водоро́дный** hydrogen (adj.)
**разла́д** discord, dissenssion
**термоя́дерный** thermonuclear
**разва́ливаться** to fall to pieces, disintegrate
　**развали́ться** (perf.)
**подпо́льный** (adj.) underground
**инакомы́слящий** differently minded

**уголо́вный** (adj.) criminal
**обвиня́емый** defendant
**пригово́р** sentence, verdict
**подверга́ть** to subject
　**подве́ргнуть** (perf.)
**тра́вля** persecution, hunt
**рак** cancer
**ра́ковый** (adj.) cancer
**за́мысел** project, scheme
**воспале́ние** inflammation
**вмеша́тельство** interference
**иссече́ние** slashing
**ад** hell, inferno
**пораже́ние** defeat

## СОВЕ́ТСКИЕ ДИССИДЕ́НТЫ

О́ттепель, о кото́рой шла речь в предыду́щей главе́, была́ те́сно свя́зана с ли́чностью Н. С. Хрущёва. По́весть Солжени́цына "Оди́н день Ива́на Дени́совича" была́, наприме́р, напеча́тана по́сле ли́чного одобре́ния но́вого вождя́ Сове́тского Сою́за. Гла́вное ору́дие Хрущёва в борьбе́ за власть по́сле сме́рти Ста́лина бы́ло разоблаче́ние дикта́тора, проте́ст про́тив "ку́льта ли́чности," повторе́ние кото́рого он, Хрущёв, счита́л надопусти́мым. С пе́рвым публи́чным осужде́нием Ста́лина Хрущёв вы́ступил в 1956 году́ на 20 съе́зде Коммунисти́ческой па́ртии и к 22 съе́зду в 1961 году́ вся оппози́ция была́ устранена́. Одна́ко, критику́я Ста́лина, Хрущёв сам продолжа́л приде́рживаться иде́и, что коммунисти́ческая па́ртия мы́слит моноли́тно и име́ет монопо́лию на пра́вду. Пра́вда—э́то то, что говори́т вождь, да́же е́сли он вчера́ говори́л одно́, а сего́дня говори́т друго́е. Ма́ссы са́ми не спосо́бны находи́ть пра́вду; они́ нужда́ются в руково́дстве. Исходя́ из э́того при́нципа у́мственного послуша́ния, Хрущёв был уве́рен, что па́ртия пове́рит тому́, что ей говоря́т све́рху, что она́ забу́дет, что Хрущёв при жи́зни Ста́лина сам принима́л уча́стие в восхвале́нии дикта́тора и сам производи́л крова́вые чи́стки на Украи́не.

У вла́сти, одна́ко, Хрущёв продержа́лся недо́лго. Его́ паде́ние произошло́ о́сенью 1964 го́да. Оказа́лось, что мышле́ние в само́й коммунисти́ческой па́ртии не явля́ется моноли́тным. Есть либера́лы, каки́м выступа́л Хрущёв, но есть и догмати́сты, "насле́дники Ста́лина," кото́рым удало́сь устрани́ть Хрущёва. Прави́тельство опя́ть ста́ло стро́же относи́ться к у́мственным броже́ниям среди́ наро́да, но останови́ть проце́сс, зароди́вшийся при Хрущёве, оказа́лось невозмо́жным. Наоборо́т, проявле́ния самостоя́тельного мышле́ния диссиде́нтов, мышле́ния свобо́дного от прави́тельственного давле́ния, умно́жились и расши́рились.

Во пе́рвых расши́рился социа́льный соста́в диссиде́нтов. В их ряды́ тепе́рь вхо́дят не то́лько писа́тели и поэ́ты, но и литерату́роведы, исто́рики, учёные, худо́жники, вое́нные. В связи́ с э́тим си́льно расши́рился диапазо́н тем и произведе́ний, критику́ющих существу́ющие поря́дки в Сове́тском Сою́зе. Теоре́тик по фи́зике Андре́й Са́харов, оди́н из изобрета́телей сове́тской водоро́дной бо́мбы, в 1968 году́ соста́вил "Деклара́цию прав челове́ка," в кото́рой он призыва́л к установле́нию у́мственной свобо́ды в сове́тском о́бществе и к откры́тому обме́ну мы́слей и взгля́дов с за́падными стра́нами для упрочне́ния ми́рного сосуществова́ния. Разла́д челове́чества грози́т ему́ ги́белью в термоя́дерной войне́.

Исто́рик Андре́й Ама́льрик написа́л брошю́ру "Просуществу́ет ли Сове́тский Сою́з до 1984 го́да?," в кото́рой он предска́зывает вое́нное столкнове́ние СССР с Кита́ем где-то ме́жду 1975 и 1980 года́ми, в связи́ с кото́рым уси́лятся националисти́ческие тенде́нции у неру́сских наро́дов

Сове́тского Сою́за и произойдёт распа́д страны́ на ча́сти ''в обстано́вке кра́йней национа́льной вражды́''. Сове́тская пра́вящая ка́ста не смо́жет удержа́ть власть в свои́х рука́х, потому́ что она́ системати́чески вытесня́ет из свои́х рядо́в наибо́лее сме́лых и самостоя́тельных лиц, порожда́я всё бо́лее сла́бое и нереши́тельное поколе́ние бюрократи́ческой эли́ты.

Возросло́ та́кже разнообра́зие жа́нров и приёмов среди́ чи́сто литерату́рных диссиде́нтских произведе́ний. Кро́ме поэ́зии и реалисти́ческих рома́нов и повесте́й появля́ется фанта́стика и сати́ра. Наприме́р, по́весть Андре́я Синя́вского—его́ псевдони́м Абра́м Терц—''Люби́мов'' пока́зывает в гроте́скной фо́рме круше́ние попы́ток при по́мощи ма́ссового гипно́за доби́ться всео́бщего сча́стья. Велосипе́дный ма́стер Ле́ня Тихоми́ров посре́дством гипноти́ческой си́лы све́ргает зако́нную власть в го́роде Люби́мове и устана́вливает со́бственную диктату́ру. Он хо́чет созда́ть идеа́льный обще́ственный строй в своём люби́мом го́роде, но ско́ро убежда́ется, что одни́м уси́лием во́ли нельзя́ созда́ть сча́стье на земле́. Вме́сто добра́ его́ во́ля начина́ет производи́ть престу́пные, кошма́рные происше́ствия. Идеа́льное о́бщество разва́ливается, а сам дикта́тор бежи́т, мечта́я спря́таться хотя́ бы в со́бственный карма́н.

Возросло́ не то́лько бога́тство тво́рческих тем и приёмов диссиде́нтов, но расши́рились та́кже перспекти́вы их мышле́ния, не то́лько простра́нственные, но и вре́менны́е. Их взор охва́тывает террито́рию, далеко́ выходя́щую за преде́лы Сове́тского Сою́за. Разла́д ме́жду ли́чностью и о́бществом, кото́рый оппозицио́нные писа́тели счита́ют центра́льной пробле́мой на́шего вре́мени, наблюда́ется не то́лько в СССР, но и в за́падных стра́нах. Э́тот разла́д исхо́дит из противоре́чия ме́жду ро́стом техни́ческого прогре́сса и духо́вным опустоше́нием челове́ка 20 ве́ка, будь он граждани́ном социалисти́ческого и́ли капиталисти́ческого госуда́рства. Сло́жность э́той пробле́мы не позволя́ет диссиде́нтам наде́яться на ско́рые успе́хи и бы́стрые переме́ны. Неоднокра́тно встреча́ется мысль, что потре́буются же́ртвы и уси́лия не́скольких поколе́ний: ''Е́сли мы поги́бнем, то борьбу́ продолжа́ть бу́дут на́ши де́ти, а е́сли пона́добится, то и на́ши вну́ки.''

Произве́дения диссиде́нтов иногда́ впервы́е выхо́дят за грани́цей, куда́ они́ нелега́льным путём пересыла́ются. Но гла́вным спо́собом для проникнове́ния к сове́тскому чита́телю явля́ется подпо́льная организа́ция, кото́рая называ́ется САМИЗДА́Т. Самизда́т означа́ет, что а́втор ''сам'' издаёт свои́ произведе́ния, напереко́р оффициа́льному Гос-издату—Госуда́рственному изда́тельству. Что не принима́ется к печа́ти прави́тельством, ра́но и́ли по́здно выхо́дит в Самизда́те. Далеко́ не всё явля́ется антисове́тским, но мно́гое антиста́линское, напра́влено про́тив второ́го устано-вле́ния ку́льта ли́чности. Рома́ны, по́вести, расска́зы, пье́сы, мемуа́ры, статьи́, откры́тые пи́сьма, листо́вки, в деся́тках, со́тнях и ты́сячах машинопи́сных ру́кописей и фотоко́пий расхо́дятся по стране́.

В борьбе́ с диссиде́нтами сове́тское прави́тельство прибега́ет к ра́зным ме́рам. Во пе́рвых применя́ется заключе́ние в психиатри́ческие больни́цы и ''лече́ние'' я́кобы ненорма́льных инакомы́слящих. Психи́ческой ненорма́льностью рассма́тривается любо́е отклоне́ние от оффициа́льных полити́ческих устано́вок. Во вторы́х, прави́тельство привлека́ет мно́гих диссиде́нтов к уголо́вной отве́тственности за печа́тание антисове́тских произведе́ний. Их аресту́ют, публи́чно су́дят и пригова́ривают к заключе́нию в исправи́тельно-трудовы́х лагеря́х.

Одни́м из са́мых изве́стных проце́ссов тако́го ро́да явля́ется де́ло Андре́я Синя́вского и Ю́лия Даниэ́ля. О́ба бы́ли аресто́ваны о́сенью 1965 го́да за то, что они́ и́здали анти-сове́тские произведе́ния за грани́цей под псевдони́мами Абра́м Терц и Никола́й Аржа́к. Проце́сс начался́ в феврале́ 1966 го́да. Синя́вского приговори́ли к семи́ года́м заклю-че́ния, Даниэ́ля к пяти́. По́сле отбы́тия сро́ка они́ получи́ли разреше́ние вы́ехать за грани́цу. Истори́ческое значе́ние э́того проце́сса состои́т в том, что э́то был пе́рвый откры́тый полити́ческий проце́сс при сове́тской вла́сти, когда́ обвиня́-емые не призна́ли себя́ вино́вными. О́ба отста́ивали пра́во худо́жника на свобо́ду тво́рчества. Худо́жественную жизнь

нельзя́ регули́ровать пра́вовыми но́рмами. Литерату́ра ни-
како́му суду́, кро́ме суду́ обще́ственного мне́ния, не должна́
подлежа́ть. Иде́ям сле́дует противопоставля́ть иде́и, а не
лагеря́ и тю́рьмы. "Ника́кие уголо́вные статьи́—сказа́л
Даниэ́ль—никаки́е обвине́ния не помеша́ют нам, Синя́в-
скому и мне, чу́вствовать себя́ людьми́, лю́бящими свою́
страну́ и свой наро́д." Пригово́ры в э́том проце́ссе вы́звали
многочи́сленные проте́сты, кото́рые, в свою́ о́чередь, при-
вели́ к но́вым пресле́дованиям оппозицио́нных групп.

К репресси́вным ме́рам про́тив диссиде́нтов сле́дует та́кже
причи́слить ме́нее суро́вые наказа́ния, кото́рым сове́тское
прави́тельство, счита́ясь с обще́ственным мне́нием за грани́-
цей, подверга́ет гла́вным о́бразом люде́й с междунаро́дной
репута́цией. Так, Солжени́цын был исключён из Сою́за
сове́тских Писа́телей. Са́харов лиши́лся своего́ ме́ста в
я́дерной програ́мме СССР. Тра́вля в газе́тных статья́х и
радиопереда́чах, отка́з в жела́тельном местожи́тельстве,
давле́ние на чле́ны семьи́ диссиде́нта путём допро́сов и
ра́зных осложне́ний жи́зненных усло́вий—ко всему́ э́тому
прави́тельство прибега́ет, пыта́ясь заста́вить диссиде́нта за-
молча́ть—поско́льку аре́ст и заключе́ние да́нного челове́ка
счита́ется нежела́тельным.

Са́мой выдаю́щейся фигу́рой среди́ сове́тских диссиде́нтов
остаётся Алекса́ндр Иса́евич Солжени́цын. Со вре́мени
опубликова́ния по́вести "Оди́н день Ива́на Дени́совича" в
1962 году́ он написа́л три рома́на: "Ра́ковый ко́рпус," "В
кру́ге пе́рвом" и "Ӓвгуст четы́рнадцатого" и документа́ль-
ную кни́гу: "Архипела́г ГУЛа́г" о рассы́панных на огро́м-
ное мно́жество острово́в исправи́тельно-трудовы́х лагере́й с
1918 по 1956 год. В 1970 году́ Солжени́цыну присуди́ли
Нобе́левскую пре́мию по литерату́ре. В Стоко́льм для при-
ня́тия пре́мии Солжени́цын не пое́хал, опаса́ясь, что ему́
не разреша́т верну́ться на ро́дину. Но в свое́й нобе́левской
ре́чи Солжени́цын вы́сказал свои́ взгля́ды на роль писа́теля
в совреме́нном ми́ре. За после́дние десятиле́тия, че́рез ра́дио
и печа́ть, челове́чество внеза́пно ста́ло еди́ным, так что
сотрясе́ния и воспале́ния одно́й его́ ча́сти почти́ мгнове́нно
передаю́тся други́м. Вну́тренних дел не оста́лось на на́шей

тесной земле. Великий долг писателя—помочь этому физически сжатому миру слиться духовно. От человека к человеку литература переносит чужую жизнь, воссоздаёт опыт, пережитый другими, и даёт освоить как собственный. Литература также переносит этот опыт от поколения к поколению, становится живой памятью нации. Тем самым литература вместе с языком сберегает национальную душу. И горе той нации, у которой литература прерывается вмешательством силы: это—не просто нарушение ''свободы печати,'' это иссечение национального сердца, национальной памяти.

Этими словами Солженицын осветил значение своих собственных произведений. Он познакомил нас с ''сотрясениями и воспалениями,'' произошедшими в Советском Союзе, воссоздал опыт, пережитый русским народом. Действие ''Ракового корпуса'' происходит накануне 20 съезда Коммунистической партии, на котором Хрущёв впервые выступил со своим разоблачением Сталина. Внутри больничной палаты ракового корпуса, идёт борьба за спасение жизни больных этой страшной болезнью и обрисовывается поведение разных людей перед лицом смерти, в то время, когда на верхах в правительстве начинается борьба против небывалого человеческого порабощения, установленного Сталиным.

Следующий роман, ''В круге первом,'' уводит нас дальше в прошлое, к 1949 году. Круг первый—это ''лучший и высший круг ада,'' специальный лагерь, где заключённые, физически обеспеченные, занимаются умственным трудом, работая над решением научных проблем, интересующих правительство. Опять встаёт и по разному решается вопрос о смысле человеческой жизни. Важно не благополучие тела, а духовная свобода, решает один из главных героев, Глеб Нержин, отказываясь продолжать свои научные исследования, когда он понимает, что они приведут к аресту и гибели невинного человека. Из первого круга ада он спускается вниз в девятый. Его отправляют ''на этап,'' т.е. в далёкий концлагерь.

Третий роман Солженицына, ''Август четырнадцатого,''

посвящён тому́ перенесе́нию жи́зненного о́пыта от одного́ поколе́ния к друго́му, о кото́ром писа́тель говори́л в свое́й нобе́левской ре́чи. Э́то рома́н о "гла́вной те́ме на́шей нове́йшей исто́рии", о пе́рвом ру́сском пораже́нии в Восто́чной Пру́ссии в а́вгусте 1914 го́да, кото́рое "определи́ло, за́дало тон всему́ хо́ду войны́ для Росси́и: как на́чали пе́рвое сраже́ние, так и провоева́ли мы до разва́ла;"—и до револю́ции 1917 го́да. Э́тот рома́н явля́ется лишь пе́рвой ча́стью, "пе́рвым узло́м", многото́много монумента́льного труда́, за́мысел кото́рого зароди́лся у Солжени́цына ещё в 1936 году́.

В феврале́ 1974 го́да сове́тское прави́тельство арестова́ло и вы́слало Солжени́цына. Он посели́лся с семьёй в Швейца́рии.

**отрази́ться**  to be reflected
perf. of: **отража́ться**
**проповедывать**  to preach
**а́збука**  alphabet
**Ева́нгелие**  Gospel
**приобща́ть**  to acquaint,
bring close to
**приобщи́ть** (perf.)
**торже́ственность** (f.)  solemnity
**суде́бник**  law code
**достоя́ние**  legacy (abstract)
**совпада́ть**  to coincide
**совпа́сть** (perf.)
**заи́мствование**  borrowing,
imitation

**приспособле́ние**  adaptation
**опереди́ть**  to outstrip
**взаи́мный**  mutual
**ме́ткость** (f.)  exactness
**пото́к**  stream, flow
**исчеза́ть**  to disappear
**исче́знуть** (perf.)
**сокраще́ние**  abbreviation,
contraction
**слог**  syllable
**пла́вный**  fluent
**ги́бкий**  pliable
**переи́мчивый**  imitative

## РАЗВИ́ТИЕ РУ́ССКОГО ЛИТЕРАТУ́РНОГО ЯЗЫКА́

В исто́рии ру́сского языка́ отрази́лось всё разви́тие ру́сского наро́да, все гла́вные эпо́хи его́ жи́зни.

Одни́м из са́мых знамена́тельных собы́тий в исто́рии культу́ры и просвеще́ния всего́ славя́нства был прие́зд бра́тьев миссионе́ров Кири́лла и Мефо́дия о́коло 863 го́да из Византи́и в Мора́вию. Их посла́л византи́йский импера́тор Михаи́л III, что́бы проповедывать христиа́нство ме́стному населе́нию на его́ родно́м, болга́рском языке́. Бра́тья зна́ли болга́рский язы́к, так как они́ бы́ли ро́дом из Салони́ки, тогда́ окружённого болга́рскими поселениями. Ещё до выезда в Моравию Кирилл составил с большим лингвистическим чутьём славянскую азбуку и начал переводить Евангелие на болгарский язык.

Славянские языки, при всех различиях, существующих между ними в 9–10 веках, были всё же настолько ещё близки друг к другу, что письменный язык, созданный Кириллом и Мефодием на болгарской основе, оказался вполне понятным и в других славянских землях. Этот язык стал таким образом как бы международным письменным языком славянства в раннюю пору его истории. Громадное культурное значение переводов Кирилла и Мефодия заключалось в том, что они приобщали славянство к византийской культуре, сохранившей, хотя и в своеобразной форме, прочную связь с античным миром. В то время, как на западе Европы латынь оставалась единственным языком религии и культуры, непонятным для низших классов народа, на Востоке христианство распространялось на языке доступном широким массам населения.

На Руси письменный славянский язык появился вместе с принятием христианства в конце 10 века. При списывании старославянских текстов и при составлении оригинальных текстов по старославянским образцам, древнерусские литераторы иногда невольно, а иногда и сознательно, допускали отступления от источников в пользу своей родной речи. Этот старославянский язык русской редакции и был первым письменным языком Киевской Руси.

Благодаря быстрому развитию материальной культуры в городских, торговых центрах Киевской Руси, письменный язык употреблялся не только для церковных рукописей, но и для документов светского содержания. Каждый из этих разделов письменности имел свой особый стиль речи. На церковно-книжном стиле лежит печать торжественности и учёности. Полярной противоположностью этому стилю является речь в документах светского содержания, основанная на обиходных средствах языка. К числу крупнейших памятников этой бытовой письменности относится киевский судебник ''Русская Правда.'' Она написана деловым языком, в ней отражается забота о материальных ценностях, о безопасности капитала.

К числу самых важных культурных достояний, полученных Московской Русью по наследству от Киевской, принадлежит письменный язык. За время, отделяющее эпоху возвышения Москвы от упадка Киева, в живом говоре русского народа произошло очень много изменений. В бытовую жизнь Руси вошло большое количество новых слов. Многие из них были татарского происхождения. Одни обозначали одежду или предметы домашнего хозяйства. Другие касались местной администрации и татарского правления.

Поэтому письменный язык киевской эпохи для московской Руси 15–17 веков был уже вполне книжным. Разговорная речь Москвы далеко ушла от языка киевских памятников не только церковной, но и светской письменности. А преобладание духовной, церковной культуры, отсутствие светских влияний на московский ум, препятствовали слиянию книжного и разговорного языка. Литературные памятники обиходной речи московской эпохи поэтому скудны. Самым замечательным из этих памятников были произведения протопопа Аввакума, выдающегося вождя церковного раскола в 17 веке. Его "Житие" написано живым, ярким, идиоматическим языком, пестрящим пословицами и поговорками.

При Петре Великом понятие книжного языка перестало совпадать с представлением о языке церковно-славянском. Появился новый русский литературный язык, в котором большая роль принадлежала переводам с западноевропейских языков. В процессе этих переводов русский язык должен был приобретать средства нужные для передачи соответствующих понятий западноевропейской цивилизации. Эта цель достигалась двумя путями. Из них более простой—заимствование термина. Привычными и своими для русского языка становились французские, немецкие, голландские, английские слова, касающиеся военного и морского дела, государственной администрации, науки, техники и ежедневной жизни вообще, вроде: солдат, лагерь, марш, гавань, киль, руль, император, мини́стр, горизо́нт, температу́ра, пра́ктика, фут, сюрту́к, фру́кты. . . . Второ́й путь перево́дов сложне́е. Он состоя́л в приспособле́нии ру́сских слов к буква́льным перево́дам соотве́тствующих иностра́нных слов, наприме́р: предрассу́док, переворо́т, тро́гательный, противоре́чие.

В петро́вскую эпо́ху та́кже меня́ется ста́рая церко́внославя́нская а́збука. Пётр её преобразу́ет, начерта́ние букв упроща́ется, удалены́ ли́шние бу́квы. Но́вой, гражда́нской а́збукой на́чали писа́ть все све́тские кни́ги, а ста́рую а́збуку продолжа́ли употребля́ть в богослуже́бных кни́гах. Созда́ние но́вой а́збуки обознача́ло ре́зкий разде́л ме́жду све́тской литерату́рой и церко́вной, ме́жду но́вой и ста́рой ру́сской культу́рой.

Вопро́с о взаи́мном отноше́нии разгово́рного ру́сского языка́ и церко́вно-славя́нского был по́днят в середи́не 18 ве́ка вели́ким учёным и поэ́том Михаи́лом Васи́льевичем Ломоно́совым. Он ви́дит в церко́вно-славя́нском языке́ как бы основа́ние для языка́ ру́сского. По его́ мне́нию, то́лько тот мо́жет пра́вильно писа́ть по ру́сски, кто тща́тельно изуча́л церко́вно-славя́нские кни́ги. Ломоно́сов составля́ет ру́сскую грамма́тику, пе́рвую нау́чную разрабо́тку языка́.

Но блестя́щие мы́сли Ломоно́сова опереди́ли его́ век. До созда́ния еди́ного ру́сского языка́ бы́ло ещё далеко́. Увлече́ние ру́сского дворя́нства францу́зской культу́рой во второ́й полови́не 18 ве́ка косну́лось и языка́. Привы́чка чита́ть и говори́ть по францу́зски, обуче́ние францу́зскому языку́ с де́тства, со́здали двуязы́чную атмосфе́ру. Повседне́вным явле́нием ста́ли ра́зного ро́да галлици́змы, т.е. оборо́ты ре́чи, буква́льно переведённые с францу́зского. Таки́м о́бразом, по́сле разде́ла ме́жду све́тским и церко́вным языко́м, оконча́тельно соверши́вшегося при Петре́ Вели́ком, произошло́ но́вое раздвое́ние ре́чи. К концу́ 18 ве́ка язы́к образо́ванного о́бщества отдели́лся от языка́ просто́го ру́сского наро́да.

Для того́, что́бы ру́сский литерату́рный язы́к стал по́длинно национа́льным, ну́жно бы́ло разру́шить все э́ти прегра́ды и соедини́ть все э́ти элеме́нты ре́чи в це́льное еди́нство. Это сде́лал Пу́шкин в нача́ле 19 ве́ка.

Народную речь Пушкин называл "живым и кипящим источником." Охотно беседуя с крестьянами и нищими, поэт не упускал случая записывать поговорки, пословицы, песни и сказки, которые он слышал, восторгался меткостью и образностью простонародных выражений и вводил их в свои произведения. Но Пушкин также понимал, что за церковно-славянским языком стоит многовековая культура слова. В тех случаях, когда поэт говорит о высоких и важных предметах или переносит читателя в дальнюю эпоху прошлого, церковно-славянские слова, дышащие торжественностью, величием и напоминающие о седой старине, оказались незаменимым изобразительным материалом. Слова иностранного происхождения, вошедшие в русский язык, Пушкин также одобрял и считал их обогащением, если они давали новые и жизненно необходимые речевые средства.

Простота, естественность, точный лаконизм, чувство меры и полная свобода в подборе языковых средств характеризуют художественную речь Пушкина. В ней нельзя ни одного слова отнять, но и прибавить нельзя. Сделав синтез трёх раньше резко отделённых друг от друга стилей, Пушкин определил основные пути дальнейшего развития русского литературного языка.

Начиная с Гоголя во второй четверти 19 века одним из главных интересов русского писателя стала передача характерных подробностей и оттенков языка различных групп русских людей. Также были сделаны громадные достижения в области психологического анализа в произведениях Льва Толстого, Достоевского и их преемников. Начиная с эпохи Гоголя, в русскую литературу широким потоком влились разнообразные словесные материалы, имеющие свой источник то в крестьянских говорах, то в языке ремесленников, купцов, чиновников и других, то в своеобразных состояниях душевной жизни мелкой, подлой или наоборот глубокой, благородной натуры.

Весь этот материал стал средством для построения диалога. Эта особенность русской литературы 19 века значительно осложняет вопрос перевода на иностранные языки. В переводе многие из этих тонкостей и оттенков русской речи неизбежно теряются или слабеют. Поэтому всю глубину и значение произведений русских классиков может всецело постичь только тот, кто читает их по русски.

Язык, сложившийся во второй половине 19 века, целиком вошёл в советскую жизнь, хотя он и испытал сильные изменения в связи с событиями революции и перестройки политического, общественного и экономического порядка. Из русского языка стали исчезать слова, употреблявшиеся для названия старых учреждений, чинов и должностей, вроде слов: барин, лакей, городовой, губернатор, гимназия. Характерно также для советской эпохи переосмысление значения раньше существовавших слов и выражений, например: совет, октябрь, ударник (старое значение этого слова—деталь винтовочного затвора, новое—передовой советский человек).

Но самое значительное пополнение словарного состава и фразеологии русского языка произошло созданием огромного количества новых слов путём сокращения. Эти новые слова служат главным образом для обозначения новых советских учреждений, должностей или социальных групп. Иногда новые термины состоят из соединения первых букв нескольких слов, при чём каждая буква произносится согласно своему алфавитному названию: СССР, КП (коммунистическая партия), ЦК (Центральный комитет). Или же происходит слияние первых слогов нескольких слов: колхоз (коллективное хозяйство), совхоз (советское хозяйство), комсомол (коммунистический союз молодёжи). Из последних часто развиваются новые термины с помощью суффиксов: колхозник, комсомолец.

Пушкин называл русский язык ярким и звучным, простым и точным, выразительным и плавным, гибким и мощным в своих оборотах и средствах, переимчивым в своих отношениях к чужим языкам. Это определение и сейчас не потеряло своего значения.

# ИСТОЧНИКИ

Глава

Академия Наук СССР. *История культуры древней Руси*. Москва, 1951............................ 2, 4

————. *История русского искусства*. Москва, 1953..... 2

Анцыферов, Николай П. *Душа Петербурга*. Петербург: Брокгауз-Ефрон, 1922.................... 14

————. *И. С. Тургенев*. Москва: Государственный литературный музей, 1947..................... 19

Бенуа, А. и Муттер, Р. "Русская живопись в 19 веке," *Артист* (Москва), Но. 36 (1894).......... 21

Белинский, Виссарион. *Сочинения*. Москва: А. И. Мамонтов, 1882, т. 12........................ 14

Бердяев, Николай. *Русская идея*. Париж, 1946....... 17

————. *Истоки и смысл русского коммунизма*. Париж, 1955............................................ 24, 25

Билл, Валентина Ч. *Забытый класс—русская буржуазия* (по английски). Нью Иорк: Ф. А. Прегер, 1959............................................ 23

Варнеке, Б. *История русского театра 17–19 веков*. Москва-Ленинград, 1939........................ 22

Варшавский, Л. П. *Передвижники*. Москва: Государственное издательство, 1937.................... 21

Винокур, Григорий О. *Русский язык, исторический очерк*. Москва: Государственное издательство, 1945............................................ 27

Грабарь, Игорь *История русского искусства*. т. 3: *Петербургская архитектура в 18 и 19 веках*. Москва: И. Кюбель, 1909–13.............. 14, 15, 16

Греков, Борис Д. *Киевская Русь*. Москва, 1953....... 2

Дорофеев, В. и Черемин, Г., изд. *Пушкин в русской*

**Глава**

*критике* (сборник статей). Москва: Государственное издательство художественной литературы, 1950 . . . . . . . . . . . . . . . . . . . . . . . . . . . . . . . . . . . . . . . 19

Ермилов, Владимир В. *Драматургия Чехова.* Москва: Советский писатель, 1948 . . . . . . . . . . . . . . . . . . . . . . 19

Ефимов, А. И. *История русского литературного языка.* Москва: Государстенное учебно-педгогическое издательство министерства просвещения РСФСР, 1955 . . . . . . . . . . . . . . . . . . . . . . . . . . . . . . . 27

Забелина, И. Е., памяти. *Москва в прошлом и настоящем.* Москва: Образование, 1908 . . . . . . . . . . . . . . . 11

Зноско-Боровский, Е. А. *Русский театр начала 20 века.* Прага, 1925 . . . . . . . . . . . . . . . . . . . . . . . . . . . . 22

Карпович, М. М. "Традиции русской общественной мысли," *Судьбы России.* Сборник статей. Нью Иорк: Братья Раузен, 1957 . . . . . . . . . . . . . . . . . . . . . . 25

Келдыш, Ю. *История русской музыки.* 2 тома. Москва-Ленинград: Государственное музыкальное издательство, 1948 . . . . . . . . . . . . . . . . . . . . . . . . . . . . 20

Кизеветтер, А. А. *Русское общество в 18 столетии.* Ростов на Дону: Донская речь, 1903 . . . . . . . . . . . . 15

———. *19 век в истории России.* Ростов на Дону: Донская речь, 1903 . . . . . . . . . . . . . . . . . . . . . . . . . . . 16

Кириллов, И. А. *Правда старой веры.* Москва: Товарищество Рябушинских, 1916 . . . . . . . . . . . . . . . . . 12

Ключевский, Василий О. *Курс русской истории.* Москва: Синодальная типография, 1904.

    том I . . . . . . . . . . . . . . . . . . . . . . . . . . . . . . . . 1, 2, 4

    том II . . . . . . . . . . . . . . . . . . . . . . . . . . . . . . . . 5, 8, 9

    том III . . . . . . . . . . . . . . . . . . . . . . . . . . 10, 11, 12, 17

    том IV . . . . . . . . . . . . . . . . . . . . . . . . . . . . . 13, 15

    том V . . . . . . . . . . . . . . . . . . . . . . . . . . . . . . 15, 16

Маковский, Сергей. *Силуэты русских художников* Прага: Наша речь, 1922 . . . . . . . . . . . . . . . . . . . . . . 21

———. "Мир русской иконы," *Русская мысль* (Прага) 1922 . . . . . . . . . . . . . . . . . . . . . . . . . . . . . . . . . . . . . . . 6

Глава

Мельников Печерский, П. Н. *Сочинения.* Москва,
1898. . . . . . . . . . . . . . . . . . . . . . . . . . . . . . . . . . . . . . 7, 12

Мережковский, Дмитрий С. *Л. Толстой и Достоевский.* Петербург: Мир искусства, 1901–3 . . . . . . 19

Мочульский, К. *Достоевский, Жизнь и творчество.*
Париж, 1947. . . . . . . . . . . . . . . . . . . . . . . . . . . . . . 19

Овсянико-Куликовский. *История русской литературы
19 века.* Москва, 1910. . . . . . . . . . . . . . . . . . . . . . 17

Платонов, Сергей Ф. *Смутное время.* Прага: Пламя,
1924. . . . . . . . . . . . . . . . . . . . . . . . . . . . . . . . . . . . 3, 10

———. *Пётр Великий, его личность и дѣятельность.*
Париж: Н. П. Карбасников, 1927. . . . . . . . . . . . . . 13

Порфиридов, Н. Т. *Древний Новгород.* Москва, 1947. . 3

Пропп, В. Я. *Русский героический эпос.* Ленинград,
1955. . . . . . . . . . . . . . . . . . . . . . . . . . . . . . . . . . . . . 18

Рождественская, Н. И., изд., *Русские частушки.*
Москва, 1956. . . . . . . . . . . . . . . . . . . . . . . . . . . . . . 18

Соколова, В. К. *Русские исторические песни 16–18
веков.* Москва 1960. . . . . . . . . . . . . . . . . . . . . . . . . 18

Стасов, В. В. *Избранные сочинения.* Москва: Государственное издательство "Искусство," 1952. . . . . . . . 20

Трубецкой, Евгений. "Иное царство и его искание в
русской сказке," *Русская мысль* (Прага), т. 1–2
(1923). . . . . . . . . . . . . . . . . . . . . . . . . . . . . . . . . . . . . 7

Флоровский, Г. *Пути русского Богословия.* Париж,
1937. . . . . . . . . . . . . . . . . . . . . . . . . . . . . . . . . . . . . 13

Щепкин, В. "Душа русского народа в его искусстве,"
*Воля России* (Прага), авг.–сент., 1929. . . . . . . . . . 6

# SOURCES

Chapter

DOROFEEV, V., and CHEREMIN, G., eds. *A. S. Pushkin in Russian Critiques* (collection of articles). Moscow: State Publishing House, 1950............................ 19

ERMILOV, VLADIMIR V. *Chekhov's Playwriting*. Moscow: The Soviet Writer, 1948............................ 19

EFIMOV, A. I. *History of the Russian Literary Language*. Moscow: State Publishing House, 1955.................... 27

ZABELIN, I. E., in memoriam. *Moscow in Past and Present*. Moscow: Education, 1908........................ 11

ZNOSKO-BOROVSKY, E. A. *The Russian Theater at the Beginning of the 20th Century*. Prague, 1925................... 22

KARPOVICH, M. M. "Traditions of Russian Social Thought," in *The Fate of Russia*. New York: Rausen Brothers, 1957......................................... 17

KELDYSH, IU. *History of Russian Music*. 2 vols. Moscow-Leningrad: State Musical Publishing House, 1948.... 20

KIZEVETTER, A. A. *Russian Society in the 18th Century*. Rostov on the Don: Donskaia riech, 1904................. 15

———. *The 19th Century in the History of Russia*. Rostov on the Don: Donskaia riech, 1903.................... 16

KIRILLOV, I. A. *The Righteousness of the Old Faith*. Moscow: Riabushinsky & Co., 1916...................... 12

KLIUCHEVSKY, VASSILY O. *A History of Russia*. Moscow: Synod Typography, 1904.
    Vol. I........................................ 1, 2, 4
    Vol. II....................................... 5, 8, 9
    Vol. III.............................. 10, 11, 12, 17
    Vol. IV...................................... 13, 15
    Vol. V...................................... 15, 16

MAKOVSKY, SERGE. *Profiles of Russian Artists*. Prague: Nasha riech, 1922........................................ 21

———. "The World of the Russian Icon," *Russian Thought* (Prague), 1922................................. 6

MELNIKOV PECHERSKY, P. N. *Collected Works*. Moscow, 1898......................................... 7, 12

MEREZHKOVSKY, DMITRI S. *Tolstoy and Dostoyevsky*. Petersburg: The World of Art, 1901–3.................. 19

MOCHULSKY, K. *Dostoyevsky, His Life and Works*. Paris: YMCA Press, 1947............................. 19

Chapter

Ovsianiko-Kulikovsky. *History of Russian Literature in the 19th Century.* Moscow, 1910 . . . . . . . . . . . . . . . . . . . . . . .    17

Platonov, Serge F. *The Time of Trouble.* Prague: Plamia, 1924 . . . . . . . . . . . . . . . . . . . . . . . . . . . . . . . . . . . . . . .    3, 10

———. *Peter the Great, His Personality and His Work.* Paris: N. P. Karbasnikov, 1927 . . . . . . . . . . . . . . . . . . . . . . . .    13

Porfiridov, N. T. *Ancient Novgorod.* Moscow, 1947 . . . . . . .    3

Propp, V. Ia. *The Russian Heroic Epos.* Leningrad, 1955 . . . .    18

Rozhdestvenskaya, N. I., ed., *The Russian Chastuski.* Moscow, 1956 . . . . . . . . . . . . . . . . . . . . . . . . . . . . . . . . .    18

Sokolova, V. K. *Russian Historical Songs from the 16th to the 18th Century.* Moscow, 1960 . . . . . . . . . . . . . . . . . . . . . . .    18

Stassov, V. V. *Selected Works.* Moscow: State Publishing House, 1952 . . . . . . . . . . . . . . . . . . . . . . . . . . . . . . . . . .    20

Trubetskoy, Eugene. "The Magic World and Those Who Seek It in the Russian Fairy Tale," *Russian Thought* (Prague), Vols. I and II (1923) . . . . . . . . . . . . . . . . . . . .    7

Florovsky, G. *Development of Russian Theology.* Paris: YMCA Press, 1937 . . . . . . . . . . . . . . . . . . . . . . . . . . . . . . . . . .    13

Shchepkin, V. "The Soul of the Russian People in Their Art," *The Will of Russia* (Prague), August–September, 1929 . . . . . . . . . . . . . . . . . . . . . . . . . . . . . . . . . . . . . . .    6

# РОДОСЛОВНЫЕ ТАБЛИЦЫ

## Род Ивана Калиты
(см. гл. 8–9)

| | |
|---|---|
| Иван I Калита | 1325–41 |
| Семён Гордый | 1341–53 |
| Иван II Красный | 1353–59 |
| Димитрий Донской | 1359–89 |
| Василий I | 1389–1425 |
| Василий II Тёмный | 1425–62 |
| Иван III | 1462–1505 |
| Василий III | 1505–33 |
| Иван Грозный | 1533–84 |
| Фёдор I | 1584–98 |

## Род Романовых
(см. гл. 11–23)

| | |
|---|---|
| Михаил | 1613–45 |
| Алексей | 1645–76 |
| Фёдор II | 1676–82 |
| Пётр I Великий | 1682–1725 |
| Екатерина I (жена Петра Великого) | 1725–27 |
| Пётр II (внук Петра Великого) | 1727–30 |
| Анна Курляндская (племянница Петра Великого) | 1730–40 |
| Анна Брауншвейгская (внучка брата Петра Великого) | 1740–41 |
| Елизавета (дочь Петра Великого) | 1741–61 |
| Пётр III (внук Петра Великого) | 1761–62 |
| Екатерина II (жена Петра III) | 1762–96 |
| Павел I | 1796–1801 |
| Александр I | 1801–25 |
| Николай I | 1825–55 |
| Александр II | 1855–81 |
| Александр III | 1881–94 |
| Николай II | 1894–1917 |

---

Владимир Ильич Ленин; родился 1870, умер 1924
(см. гл. 24).

Иосиф Виссарионович Сталин; родился 1879, умер 1953
(см. гл. 25 и 26).